회 원 · 제32집

강기주	 강당희	 강덕순	 강동기	 강민수
 강부호	 강인숙	 고동우	 고유진	 고재동
 고창표	 곽광택	 곽병희	 곽종철	 구금섭
 구춘지	 권규학	 권순악	 권영억	 권영춘
 권영호	 권오견	 권혁찬	 금동건	 금동창

 김관식  김근숙  김기순  김낙연

(사)한국시인연대

김남구	 김동배	 김명자	 김병철	 김봉겸
 김부치	 김서연	 김선국	 김선옥 우주	 김성화
 김순애	 김승범	 김연하	 김영옥	 김영천
 김옥녀	 김용길	 김우식	 김원길	 김의식
 김이대	 김일두	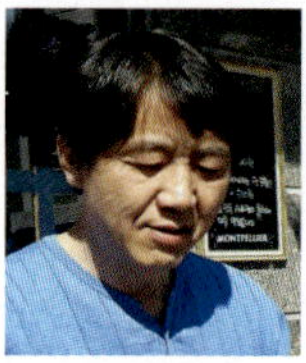 김일훈	 김정희	 김종기
 김주옥	 김지영	 김진태	 김진하

회 원 · 제32집

김태자	 김효겸	 남지연	 남현우	 노명서	
 노민환	 도경회	 류광열	 류순자	 류영환	
 류중석	 류창렬	 마정선	 문정숙	 민수호	
 박건웅	 박관호	 박달재	 박대순	 박래흥	
 박명희	 박성희	 박숙영	 박신정	 박연희	
	 박영순	 박영춘	 박일소		

(사)한국시인연대

회 원 · 제32집

(사)한국시인연대

이기종	이기태	이돈배	이명우	이석란
이성남	이순우	이양자	이영례	이영순
이우재	이은협	이장옥	이재성	이정 님(이릇)
이정자	이종문	이종수	이지언	이진석
이처기	이태균	이한식	장동석	장동수
장문영	장영규	장인숙	장형주	

회 원 · 제32집

전병철	전석홍	전윤동	전현하	정권식
정성완	정성채	정수영	정영의	정옥화
정용식	정윤숙	정종규	정진덕	정홍성
정황수	조경순	조덕혜	조병서	조연탁
조정일	조혜식	조홍규	주광일	진진욱
	차경섭	차영규	채규판	채명호

(사)한국시인연대

채수황	 최경구	 최광호	 최병극	 최병륜
 최영순	 최완욱	 최유진	 최정순	 최주식
 최진만	 최창일	 최형윤	 표애자	 한병윤
 한성근	 허만길	 허만순	 허상회	 현영길
 현영희	 현형수	 홍경흠	 홍계숙	 홍천수

황귀옥

황조한

(사)한국시인연대 2022

한국시인연대 사화집 제32집

한강의 시경 詩境

한강

발간사

(사)한국시인연대 사화집 제32집을 발간하며

　매일 새롭고[日日新] 또 새롭고[又日新] 사랑하면 행복해집니다. 당신의 눈과 귀가 환하게 열리고 손과 발이 오늘을 딛고 힘차게 일어나길 바랍니다. 자고 나면 파란 행복도 키를 늘려갑니다.
　하늘에서 소곤소곤 행복이 내립니다. 나무들이 단비를 마시고 행복에 젖어 있습니다. 행복의 들을 산책하는 날입니다. 등 뒤에 바람을 달고 가파른 언덕을 힘차게 올라갑니다.
　"칠부능선 끌어올리는 꽃바람아, 아프지 않게 힘들지 않게 힘차게 힘차게 밀어주려무나."
　바람도 머무는 집이 있습니다. 거기가 산이든 바다이든 내 집이려니 그렇게 살아갑니다.
　살아가는 것은 햇빛과 바람과 사귀는 일입니다. 바람은 불어와 봄을 알리고 우리는 바람의 빛으로 눈을 뜹니다. 가끔은 되돌아가고 싶습니다. 넘지 못할 세월의 강, 그때는 넘고 싶었던 강도 지금은 이대로가 좋습니다.
　그래서 행복합니다. 오늘을 산다는 것은 힘은 들어도 그래도 살아서 일한다는 것은 행복합니다. 실패하고 또 넘어져도 다시 일어날 수 있는 기회를 주심에 감사하며 사랑하며 살아갑니다.

　같은 산도 오를 때마다 다르고 내려올 때마다 다릅니다. 올라가 보지 않으면 모릅니다. 그러기에 삶은 오르고 내리기를 반복하나 봅니다.

　눈 덮인 앞마당 소나무를 찾은 학 한 마리 하얀 눈옷을 입고 잠들어 있습니다. 퇴근길 하얀 눈송이처럼 잠들어 있다가 출근길 날갯짓으로 솔밭을 깨웠습니다. 하늘 향해 훨훨 날아갔습니다.

　빛으로 편지를 씁니다. 파란 하늘이 붉게 물든 빛으로 편지를 씁니다. 솔밭에서 새들이 찾아와 노래하고 계곡물이 도란도란 이야기 나누는 봄이 올거라 하늘에 편지를 씁니다.

　코로나19로 숨소리 죽이고 '비대면'이란 새로운 용어를 만연시킨 하늘에 편지를 씁니다. 봄을 기다리는 사람들 틈에 기대어서 희망의 편지를 씁니다.

　(사)한국시인연대가 사화집 제32집을 발간하게 되었습니다.

　(사)한국시인연대가 대한민국의 대표 시인 단체로 활동할 수 있었던 것은 월간 《문학공간》을 35년 이끌어 오신 (사)한국문화예술연대 최광호 이사장님의 뜨거운 열정이 있었기 때문입니다.

　올해는 기한 내 제출된 2백3십여 인의 원고만을 편집하는 아쉬움이 있었습니다. 이제 앞으로는 더 많은 분들의 참여로 풍성한 사화집이 되기를 기대해 봅니다. 또한 우리 시인 단체에서 발간하는 사화집이 대표 시인의 역사적인 발표의 장이 되고, 이에 독자분들의 많은 사랑이 있기를 바랍니다.

　아무쪼록 (사)한국시인연대 회원 여러분의 끊임없는 참여와 아낌없는 후원과 열정을 부탁드립니다.

2022년 12월
(사)한국시인연대 회장 박현조

목차

발간사　박현조

강기주　화개동 편지·1 외 1편/ 23
강당희　청명한 가을날의 통일전망대 외 1편/ 25
강덕순　파도 외 1편/ 27
강동기　산동 산수유 외 1편/ 29
강민수　기억 저편의 기억 외 1편/ 31
강부호　해를 업은 산구절초 외 1편/ 34
강인숙　세월 외 1편/ 36
고동우　11월 외 1편/ 39
고유진　눈꽃 외 1편/ 41
고재동　앉은뱅이꽃 서서 걷다 외 1편/ 43
고창표　봄의 여인아 외 1편/ 45
곽광택　그대 눈빛 외 1편/ 47
곽병희　벽련항에서 외 1편/ 49
곽종철　가을 나그네 외 1편/ 51
구금섭　나는 의자이고 싶습니다 외 1편/ 53
구춘지　가을은 그리움 외 1편/ 55
권규학　모래 위에 쓰는 시 외 1편/ 57
권순악　그때 그 소년은 어디로 갔는가 외 1편/ 59
권영억　익어 가는 삶의 흔적 외 1편/ 61
권영춘　생명의 다리를 건너가며 외 1편/ 63
권영호　비대면 시대 그 후 외 1편/ 66
권오견　그대 그리운 날 외 1편/ 69
권혁찬　고추잠자리 외 1편/ 71
금동건　엄마의 아기로 남고 싶다 외 1편/ 73
금동창　님의 손길 외 1편/ 75
김관식　십리포 해변 외 1편/ 77
김근숙　탑 외 1편/ 79
김기순　동행 외 1편/ 81

(사) 한국시인연대

83 /헌화 외 1편 　김낙연
85 /피라칸사스 외 1편 　김남구
87 /수많은 어제 외 1편 　김동배
89 /세월의 구멍 외 1편 　김명자
91 /가을, 그 쓸쓸함에 대하여 외 1편 　김병철
93 /걸음발 외 1편 　김봉겸
95 /삼월이 오면 외 1편 　김부치
97 /습관의 반란 외 1편 　김서연
99 /양귀비 외 1편 　김선국
101 /마스크 외 1편 　김선옥 우주
103 /착각 외 1편 　김성화
105 /봄까치 꽃향기 외 1편 　김순애
107 /푸른 그녀 외 1편 　김승범
109 /함께 사는 세상 외 1편 　김연하
111 /빨래 외 1편 　김영옥
113 /인문주의자의 열기 외 1편 　김영천
115 /나는 오늘 3월 외 1편 　김옥녀
118 /부활이요 생명이신 예수님 외 1편 　김용길
120 /어떻게 해야 합니까 외 1편 　김우식
123 /단풍나무 외 1편 　김원길
125 /영아 외 1편 　김의식
127 /그해 여름 운부암 외 1편 　김이대
129 /귀뚜리 외 1편 　김일두
131 /낙엽 외 1편 　김일훈
133 /물 위에 뜬 판화 　김정희
134 /단단히 침묵할 일 외 1편 　김종기
136 /포인세티아 외 1편 　김주옥
138 /J에게 외 1편 　김지영
140 /시원의 아침 소래산 외 1편 　김진태
142 /농부 외 1편 　김진하

목차

김태자 마음속 아직 외 1편/ 145
김효겸 남이섬 낙엽 외 1편/ 147
남지연 다시 찾은 바다 외 1편/ 149
남현우 웃음꽃 외 1편/ 151
노명서 설야 외 1편/ 153
노민환 바닷가에서 외 1편/ 155
도경회 쑥부쟁이 꽃무리 진 외 1편/ 157
류광열 산 외 1편/ 159
류순자 봄을 앞두고 외 1편/ 161
류영환 이것이 인생 아닐까 외 1편/ 163
류중석 문 외 1편/ 165
류창렬 추석 외 1편/ 167
마정선 다시 세상의 희망으로 외 1편/ 169
문정숙 끝 달 옷 입고서 외 1편/ 172
민수호 감자꽃 침묵 외 1편/ 174
박건웅 꽃잎 꽃술에 외 1편/ 176
박관호 겨울나무 외 1편/ 179
박달재 '안녕' 아끼지 말자 외 1편/ 181
박대순 말똥구리의 뒷걸음 외 1편/ 183
박래흥 난초꽃 필 때 외 1편/ 186
박명희 꽃잎 진 자리 외 1편/ 188
박성희 나무와 꽃 외 1편/ 190
박숙영 만추 외 1편/ 192
박신정 무제 외 1편/ 195
박연희 나의 삶 충실하게 외 1편/ 197
박영순 기도 외 1편/ 199
박영춘 환상 바라봅니다 외 1편/ 201
박일소 상사화·9 외 1편/ 203
박정자 낙엽비 외 1편/ 205
박진남 내 산야 외 1편/ 207

(사)한국시인연대

209 /소꿉놀이 친구 외 1편	박창근
211 /석양 외 1편	박행옥
213 /바다는 아프다 외 1편	박현조
215 /명태 외 1편	박화배
217 /산 위에 외 1편	박희익
219 /숲속의 초가집 외 1편	방정순
221 /삼각 변주곡 외 1편	배순옥
224 /가슴앓이 외 1편	배종숙
226 /외로운 사람 외 1편	배진수
228 /길상사의 연인 외 1편	백덕순
230 /부모님께 외 1편	백호을
232 /여백에 피우는 꽃 외 1편	변근석
234 /시인과 별 외 1편	변보연
236 /동지 외 1편	서원생
238 /동백꽃의 눈 외 1편	서정원
240 /숨어 사는 애인 외 1편	석희구
242 /그날이여 외 1편	성분숙
244 /생강 외 1편	성진명
246 /점심은 소풍이야 외 1편	성진숙
248 /어둠에 서서 별을 보다 외 1편	소진광
251 /소요산 연가 외 1편	손순자
253 /해질녘 외 1편	손옥경
255 /고향 마실 외 1편	손진명
257 /매미는 스스로 허물을 벗는다 외 1편	송낙현
259 /잠꼬대 외 1편	송봉현
261 /요리 외 1편	송삼용
263 /사는 것이 여행이다 외 1편	송연우
265 /월명암 외 1편	신계식
267 /이태원 참사 외 1편	신동호
270 /마음 얼굴 외 1편	신사봉

목차

신선진   봄나물 외 1편/ 272
신승호   비가 외 1편/ 274
신윤호   엄마 없는 하늘 아래 외 1편/ 276
심종은   새싹 외 1편/ 278
안숙자   가을 저녁 외 1편/ 281
안연옥   푸른 꽃잎 사이 나를 숨기다 외 1편/ 283
안재찬   전천후 모국어 외 1편/ 285
양명학   꽃씨 외 1편/ 287
양지숙   아침 외 1편/ 289
양치중   갈색 계절 외 1편/ 291
엄원용   낯선 구두 한 켤레 외 1편/ 293
오낙율   그리움·15 외 1편/ 295
오병욱   여기 있소, 나 외 1편/ 297
오재열   예림찬가 외 1편/ 299
오정실   밤바다 외 1편/ 301
우태훈   가을 서정 외 1편/ 303
원수연   별들로 깨운 꽃들 외 1편/ 305
유경환   풍악산 거북바위의 노래 외 1편/ 307
유인종   사계송 외 1편/ 309
윤명학   바위 꽃 외 1편/ 311
윤초화   자화상 외 1편/ 313
윤충선   연둣빛 찻물 외 1편/ 315
윤하연   모과꽃과 어머니 외 1편/ 317
윤한걸   수경 스님 외 1편/ 319
이근모   눈 오는 날·2 외 1편/ 322
이근우   달님 외 1편/ 324
이기종   그 언덕에 가고 싶다 외 1편/ 326
이기태   세월의 속도 외 1편/ 328
이돈배   유폐의 늪 외 1편/ 330
이명우   산골 풍경·1,405 외 1편/ 332

334 /사리암 계단을 오르며 외 1편   이석란
336 /은행나무 외 1편   이성남
338 /점 하나 외 1편   이순우
340 /추억의 향기 외 1편   이양자
342 /그리움 외 1편   이영례
344 /인생의 길을 묻다 외 1편   이영순
346 /맑고 밝은 산정호수   이우재
347 /탕춘대성 외 1편   이은협
350 /연등 외 1편   이장옥
352 /청설모 외 1편   이재성
354 /내 거할 곳 외 1편   이정님 이룻
356 /고향의 향 외 1편   이정자
358 /만남과 이별 외 1편   이종문
360 /재를 넘으며   이종수
362 /바다와 낙타 외 1편   이지언
364 /고란 외 1편   이진석
366 /징 외 1편   이처기
368 /바늘꽃 외 1편   이태균
370 /낙화 외 1편   이한식
372 /가을의 정념 외 1편   장동석
374 /참되고 지혜로운 삶 외 1편   장동수
376 /말의 그늘 외 1편   장문영
378 /연홍사를 찾아서 외 1편   장영규
380 /제주 김녕의 바닷가 외 1편   장인숙
383 /사랑하는 그대에게 외 1편   장형주
385 /봄을 맞으니 외 1편   전병철
387 /고향 새 외 1편   전석홍
389 /가을이 가기 전에 외 1편   전윤동
391 /유년의 강 외 1편   전현하
393 /거미줄 외 1편   정권식

(사)한국시인연대

목차

정성완 사스레피 가지에 달린 객수 외 1편/ 395
정성채 갈대 외 1편/ 397
정수영 11월의 기도 외 1편/ 399
정영의 고향 산 외 1편/ 401
정옥화 들꽃 외 1편/ 403
정용식 고향 생각 외 1편/ 405
정윤숙 얼굴 외 1편/ 407
정종규 가을에 왔네 외 1편/ 409
정진덕 허수아비 외 1편/ 411
정홍성 양지와 음지 외 1편/ 413
정황수 등신불, 로타르 좌상 외 1편/ 415
조경순 가섭사 저녁 종소리 외 1편/ 417
조덕혜 그립다 말하지 않는 침묵 외 1편/ 419
조병서 믿음과 책임 외 1편/ 421
조연탁 거그메 찬가 외 1편/ 423
조정일 가을 하늘에 눕다 외 1편/ 425
조혜식 제주도 외 1편/ 427
조홍규 통일이 생각날 때 외 1편/ 429
주광일 풀벌레와 나 외 1편/ 431
진진욱 밤에게 외 1편/ 433
차경섭 우리 금강산·1 외 1편/ 435
차영규 빨강 배롱나무 외 1편/ 437
채규판 소곡 외 1편/ 439
채명호 들국화 외 1편/ 441
채수황 허수아비 외 1편/ 443
최경구 나는 누구인가 외 1편/ 445
최광호 연 외 1편/ 447
최병극 추억거리 정리 외 1편/ 449
최병륜 문수사의 봄 외 1편/ 451
최영순 지금 누군가 어디서 외 1편/ 453

455 /나이 듦	최완욱	
456 /어머니의 초상화 외 1편	최유진	
458 /임진각에서 외 1편	최정순 박천	
460 /삼월 봄은 시절 인연 외 1편	최주식	
462 /순천만에서 외 1편	최진만	
464 /애 외 1편	최창일	
466 /수레바퀴 외 1편	최형윤	
468 /아버지 사랑 외 1편	표애자	
470 /청포도 외 1편	한병윤	
472 /돌아볼 때마다 외 1편	한성근	
474 /가랑비 외 1편	허만길	
476 /전화 주소록 외 1편	허만순	
478 /부채질 외 1편	허상회	
480 /코스모스 외 1편	현영길	
482 /작은 사랑의 빛으로 외 1편	현영희	
484 /삶이 참모습 외 1편	현형수	
486 /방바닥 활력 외 1편	홍경흠	
488 /사각만두 외 1편	홍계숙	
490 /오, 아름다워라 외 1편	홍천수	
492 /인연 외 1편	황귀옥	
494 /눈빛 외 1편	황조한	

(사)한국시인연대

한국시인연대상 운영에 관한 세칙
한국시인연대 제16대 임원

(사)한국시인연대 2022

한국시인연대 사화집 제32집

한강의 시경 詩境

화개동 편지·1 외 1편

강|기|주

무더위도 걸어 놓고
낮달도 걸어 놓고

물소리에 씻겨 가는
가슴속 상념들은

여름도
자리에 앉아
기도하는 맘이다.

화개동 편지·2

그대의 눈이 머문 곳
나는 촛점을 맞춘다

허수아비 사랑으로
가슴이 멈추는 날

산그늘 앉은 그 자리
아파나 해야 할까,

기다려 기다려도
보이지 않는 그

모습은 생생하게
보여 주는 그 깊이

사랑이 머물다 간 자리
졸고 있는 이 세상.

청명한 가을날의 통일전망대 외 1편

강 당 희

잡힐 듯이 잡힐 듯이 잡히지 않는
철조망 넘어 아름다운 산야들

보일 듯이 보일 듯이 보이지 않는
얼굴색이 같은 사람들

눈앞의 북녘 바다 잔잔한 파도 소리
해금강은 말이 없네

저 멀리 아스라이 보이네
그리운 금강산이

동해의 푸른 물은 나를 부르는데
막힌 철조망은 언제쯤이나 없어질까

약육강식의 덫에 걸려 우리 땅
금수강산 반 토막이 났네

마음을 추슬러서 민족의 이름으로
단합하여 통일하세.

만해 마을

솔향기 풀냄새 에두른
하늘 아래 첫 동네

장맛비 그친 구름 사이로
햇빛 내려앉아 쉬어 가는 곳

햇살은 바람에 부서져
시냇물 위에 쏟아져 내리고

임 가신 들녘에 부는 바람
임의 뜻을 품은 듯 가슴을 파고드네

잃은 조국 되찾고자 온몸 바친 임
나라 사랑 그 뜻 이어받아

반으로 갈라진 조국 위에
하나로 뭉쳐야 할 이 민족 위해

우리 지금 세상의 으뜸자리 향해
임의 침묵을 깨고 달려갑니다.

파도 외 1편

강│덕│순│

쉼없이 깊숙하게 내뿜고 받아 주고
되새김 반복하며 새 생명 탄생한다
발자국 흔적도 없이 훔쳐 가는 포말들

갈매기 나래 펴고 창공을 응시하다
웅장한 물개처럼 해오름 물기둥에
드높이 날아보려고 애간장만 태운다

동반자 끌어안고 부르면 솟아오를
만만의 준비 되어 바다 밑 쉼터에서
두 날개 펼쳐질 세상 하염없이 드높다.

아버지

그대여 무게 있는 그 이름 불러 본다
아무리 힘들어도 속표현 못하고서
겉으론 온화한 모습 뛰어넘는 능력자

누구의 자식으로 동네의 친구들과
어엿한 남편으로 집안의 어른 되고
큰소리 어깨짐 지고 불러 보는 능력자

수많은 이름들이 바꿔도 맡겨진 몫
그대로 펼쳐 간다 살아온 역경의 삶
한 번 더 격려해 주는 변함 없는 능력자.

산동 산수유 외 1편

강 동 기

샛노란 물결
흐드러진 산수유

산동애가가 애절해
혼자는 서러워

돌담길 돌고 돌아
수놓은 군락

송이송이 꽃송이
애한이 서려 있네.

묵상

고요가 깃든 지도 오래된 시간
이따금 창문을 스쳐 지나가는 바람 소리뿐
나의 마음은
조용한
산골 마을
어느 창가로 향한다
고운 모습 비춰 주는 그곳
가식 없는 따뜻한 마음이 있기에

고운 선율 느낀다
그건 진실을 일깨워 주는 향신료
선하디선한 그대 있는 창가
어느새
내 자신으로 돌아온다
이내 곧 적막감이 감돈다
오래도록 간직하고픈 가련한 소망
소박한 마음.

기억 저편의 기억 외 1편

강|민|수|

징비록을 꺼내 먼지를 탈탈 털어
이운移運해 보는 아침
삶에 무언가 큰 족적을 남길 것이라는 착각이라도 가져야
맥박이 뛰다던 시간은 지나고
기억 저편을 스치며 알았네
피 터지는 몸부림도 부질없다는 것을,

 직선은 인간의 영역이고 곡선은 신의 실루엣이라는 이상과 현실의 간극

 창호지 안쪽과 저쪽의 무한無限
안쪽은 생의 들판이고
바깥쪽은 꿈의 파노라마다
텅 빈 충만
가득 찬 빈곤
옷 한 벌 걸어놓고 미련 없이 떠난 매미의 애련哀憐
나는 어디쯤에 닻을 내려
비 오는 밤거리를 헤매고 있을까

 손 내밀면 한 옴큼씩 빠져나오는 삶의 더께들
오늘 밤도 수루에 앉아
물속에서도 목이 마르다는 저 군상들
외출에서 돌아오는 영혼들의 뒷모습을 우두커니 바라보는
초점 흐린 눈빛

아직도 신천지에서 보내온 문장 부호를
해독하지 못하는 허망 그리고 절망

넘어졌을 때 푸른 하늘 바라보지 못한 무지몽매無知蒙昧
오늘은 라그랑주점※에서
기억 저편의 기억들을 불러 모아
풍경처럼 바람에 맡긴 롱다[風馬]의 기도를 가슴으로 함께 듣고 싶다

※라그랑주점: 두 천체가 있을 때, 그 주위에서 중력이 0이 되는 점 우주 정류
장이 떠 있는 공간

꽃무릇

여인의 핏빛 설움
그늘진 계곡에 환장하게 피어
눈짓에도 흔들리는 왕관을 쓴 머리채
그 애달픔,
사랑의 뒷모습 저리도 애처로운 걸까

속세의 그리움이 눈빛 모은
야단野壇에 법석法席
있는 것이 없는 것이오, 없는 것이 있는 것이라는
무위無爲
한 말씀 흘려놓고
저리 붉은 가슴을
안개비 밟고 가는 골짜기 곳곳마다
돌아서 가지 못하게 불을 질러 놓았습니다

꽃무릇 한 송이 뚝 잘라보고 싶은 욕망
내 마음의 누란累卵입니다
불경입니다
내 안의 화엄경석 화엄 총총 자리를 뜹니다

불립문자 훠이훠이 길 떠납니다

해를 업은 산山구절초 외 1편

강|부|호

단풍 진 나뭇잎이 떨어진다
억새풀도 거부의 몸짓으로
은빛 머리결을 풀어 날리니
하늘 아래 초목이 모두가 시들어 간다

바위 틈새 곧게 자란 구절초여
너마저 해를 업게 되었구나
날이 저물면 이 무거운 땅은
해로부터 멀어져 외로움 속에 잠들겠지

기어이 들산을 지키는 선모초仙母草
시들어 가는 뜰의 꿈속에서
가을의 휴식을 그리워하며
끝내 엷은 미소를 잃지 않은 한 송이.

통곡慟哭

평화를 잃은 민족의 한
산천도 울고
그 세월 속 모두가 운다
조국은 침략자의 족쇄에 묶여
서러운 곡조는 하늘을 날고
덧없는 눈물은 행복을 가린다

먼 바다 저켠 평화의 나라
우크라이나
자유의 용사들이여
경건勁健으로 묶여지기를 바라면서
100년 전 이 땅이 겪었던
서러움의 곡조가 없길 바란다

지금도, 까닭 없이 죽임을 당하고 있는데.

세월 외 1편

강｜인｜숙

오늘 낼 장맛비 그치면 여름 끝자락 머지않아
어언 이 한 해 이만큼 와 있는데
빈 마음만 쏠어내린다
비가 되어 장맛비 되어

바다와 하늘 하나 된 연회색 넓은 공간
자욱하니 비 쏟아붓고 있다
빗줄기에 기댄 그리움이
끝없는 미로의 물기둥 사이
가련히 헤매고 있다

전하고 싶은 그 간절한 말 한마디
물결 소리
빗줄기 소리
발자국 따라온다

덧없어라. 빈자리
그 먼 곳 골짝 물로 흘러 다가왔지만
만날 길 없는 절박한 심정
이 한스러움 비가 내린다
장맛비 내린다

무거운 발자국 더는 옮기지 못하고
물살 되어 빗줄기 되어 함께 흐느낀다.

회상

석간수 흘러내리는 산 중턱 다다르면
청량한 물소리
다정한 산색

우거진 숲 사이
언뜻언뜻 하늘색 조각
풋풋한 싱그러움에 취해서
저물녘의 산 되어도 떠날 줄 모른다

산 아래 돌무더기 구르는 경사 되면
가팔라지지만 정상이 가까웠음을 알아
속 빈 고목에 기대어
푸른 이끼
싸늘한 바람결
걸어온 오솔길 내려다본다

어느 날 그 외롭지 않았던 걸음
맑은 산 공기 숨 쉼으로
해맑게 올라오고 있다
그냥 반가움에 달려가려다
미리 와 있는 너는 누군가

갑작스러운 폭우에 마음속 골짝 물소리
이리 요란히 흘러가고

애타 둘러보아도
허허해진 산천 아무도 없다
앞서거니 뒤서거니
나란히 하던 발자국

어느 한순간 덧없음이 되어 버린 한스런 매듭.

11월 외 1편

고 동 우

베인 가슴 틈 사이로 밀려나온 해진 날들
발 걸고 메어치는 시간의 돌부리에
뻰 곳을 다시 삐곤 하는 허구한 날 여줄가리.

정선아라리

명치끝 돌아들어 되우치는 그 정한이
숨 밭은 바람 섶에 무심히 들어앉아
정선골 수묵화 한 폭 채록하는 삶의 소리

굽이굽이 휘갑치는 애환의 실타래를
그림자도 등이 휘는 이 생의 설운 터에
오방색 씨실날실로 한을 푸는 살풀이.

눈꽃 외 1편

고 유 진

겨울 산, 한계령에
눈이 쌓이고
사나운 바람 불었다

내 그리운 얼굴
눈에 갇히고
바람에 갇히고 말았다

일찍 찾아드는
산중, 어둠의 고립도
못 견디도록 가득한 그리움은
끝 모를 암흑의 밤을 훤히 밝히는
하얀 눈꽃으로 온다

쓸쓸하여 적막한데
자꾸 눈은 그림처럼 나리고
보고픈 얼굴은 쌓여 가는 눈꽃으로
야삼경夜三更을 비추인다.

민둥산

가까이 있어도
부르튼 가난으로는
벽은 허물어져

등을 기대어 울어도
슬픈 벽이 되고 마는
오, 민둥산

바람으로라도 서서
네 등을 어루만지고 싶다

한 세상 슬픔
네 가슴 쓿어 주고 싶다.

앉은뱅이꽃 서서 걷다 외 1편

고 재 동

　생강나무는 생강 향을 품었지만 산수유는 산을 품을 수가 없었다. 산은 섣불리 나무에 속내를 드러내지 아니하였고, 매일 가지에 하루라는 이름의 숙명적인 숙제 거리를 걸어 두었다. 그러나 나무가 산에 애걸하여 곁을 얻어낸 건 아니다. 다람쥐 한 마리, 산비둘기 한 쌍, 구구구 산속에 들어 나무를 매개로 살아갈 수 있는 터전에 붙박이로 서 있길 작정한 것뿐이다. 산비둘기는 태초부터 산에서 살지 않았지만 숲의 배려로 산꼭대기까지 올라갈 수 있었고, 날갯짓으로 바람을 일으키는 걸 터득했다. 산은 드디어 비둘기 이름 앞에 산을 얹을 수 있게 허락했다. 그 후 산은, 소나무가 밤에 누워 잠을 자든 말든, 생강나무에 산수유꽃이 피건 말건 상관 않기로 했다. 앉은뱅이꽃이 서서 걷건 말건 산비둘기가 거위알을 낳든 말든 상관 않기로 했다. 산이 산이길 스스로 포기하고 산이 바다라고 우기지만 않으면 말이다.

겨울, 초승달

　엄동, 서릿발 딛고 그니 보며 실눈 뜬 복사꽃을 술렁이는 화폭에 찐하게 덧칠한다. 구겨진 밤을 머리에 얹고 살금살금 고양이 걸음으로 온 그니는 시침 떼고 두리번두리번 흐트러진 별자리 멍하니 본다. 나무가 벗기로 작정한 것은 겨드랑에 땀띠가 나서만은 아니다 표피 속 알몸이, 보채는 아가 귀 열어 뒹구는 잎새의 서걱이는 절규 함께 듣기 위함이다.
　편도 2차선 도로 가로질러 생쥐 한 마리 칠흑의 장막을 떠밀며 황급히 지나간다 잠자는 길고양이 수염을 건드렸기 망정이지 술 취해 몽롱한 차 바퀴에 운명을 내맡길 뻔하지 않았던가 병원 근처 포도 위로 너울에 의한 물결이 출렁인다. 오늘도 펑펑 눈이 올 조짐은 없다. 그러나 그니는 실성한 하늘 향해 실눈을 뜬다. 그래도 봄은 저만치에서 복사꽃 담고 서서히 오고 있는 걸.

봄의 여인아 외 1편

고 창 표

꽃 몽우리
봉긋이 틔우며 환하게 웃는다
봄바람
아지랑이 따라 살랑살랑 일렁인다

너울져 흐르는 신록 속으로
아장대는 새싹의 예쁜 짓
안 봐도 눈에 선하다
보면 볼수록 생각하면 할수록
떠난 사람처럼 눈에 밟힌다
달려가 보듬고 싶어 가슴이 뛴다

그대여
둘도 없는 내 사랑아
하늘과 산이 포근히 어우러지는 오늘
꼭 껴안고 입술을 맞추어야 하지 않겠나
사랑하지 않고는
서로 체온이 스미지 않고는
저들 새싹을 어찌 맞으랴
저 하늘을 우러르는 신록의 숲을
어찌 바라만 보고 있으랴.

매미들의 떼창

지휘자 없는 데서
얼굴 숨긴 한 무리의 떼창
긴 호흡을 지닌 파도인 양
귀를 덮친다
먹구름 뚫고 쏟아지는 폭우처럼
이마를 때린다

분명 자장가는 아닌데도
스르르 감기는 눈
대자리에 모로 눕자마자
뙤약볕에 미역 감던 온몸은
조각난 얼음덩이로 둥둥 뜬다
코 고는 장단에
빙하 속 선경仙境의 물결을 타고
일렁일렁 떠다닌다.

그대 눈빛 외 1편

곽 광 택

그대
아름다운 얼굴

그대 눈빛
내 마음에 젖어
포근하며 달콤한 사랑
멋진 미소

내 가슴에 와닿는
무지갯빛 사랑
영원히 나누고 싶은
행복의 밤

목마른 그대 영혼
그대 눈빛
아름다워라.

그리움

정결한 아침
말하고 싶은 마음

그대 그리움을 그리며
당신을 생각한다

세월이 가도
생각하는 마음

노래와 춤도 함께
즐길 수 있는 것은
그리움 때문이다.

벽련항에서 외 1편

곽｜병｜희

노도는 배를 타야 그 맛이 우러난다
통통통— 5분이라도
파도 따라 흔들려야 제맛이다
눈으로 바로 바라보이는 저 땅이
다가올 듯 말 듯 해야
사무치게 다가오는 문장들
행여 그대여
벽련항*에서 다리로 들어서지 말 일이다
그 이름이 다쳐
구운몽의 한줄 한줄 속에서
철썩이는 파도
저 혼자 지나가는 바람 소리가 떠나감은
감당 못할 일이다
예사 감당 못할 일이다

※벽련항: 노도櫓島(남해의 김만중 유배지)로 들어가는 선착장

전망대

머리가 아파올 때 높이 올라봐
먼 산까지는 아니라도
걸어서 혹은 자동차로

마음껏 뛰놀던 관념이 씻기우고
육척 육신이 오롯이 남지

나는 넓은 세상의 한 점

얼굴에 주름살 지고
머리에 서리가 내려도
늙지 않는 마음에 속아 온 세월이
그 얼마냐

휴게실에서 음료수라도 한 병 마셔봐
해맑은 하늘에 씻긴
마음이 새로 들어서지

망원경이라도 한번 들여다보면
아직도 관념에 헤매이던
중생들이 낱낱이 들여다보이지

그들 중 한 명은 구제되어
이렇게 기운을 되찾고 있는 것은
그 덕.

가을 나그네 외 1편

곽 | 종 | 철

어디론가 훌쩍 떠나야지
낯설인 곳으로 가야지
홀가분한 마음으로

날 반겨줄 억새밭으로 가야지
가을 향기에 취해야지
홀가분한 마음으로

감나무에 앉은 까치가 목청을 높인다
귀를 쫑긋 세우고 들어보니
너 인생의 주인공은 너란다

찬바람이 치근거린다
자연의 걸작품이 떠나기 전에
가을 나그네도 채비를 서둘러야지.

앵두 같은 사랑

앵두꽃이 곱게 필 때면
구름 타고 여행을 떠났지

앵두가 열릴 때면
깨가 쏟아지는 집을 그렸지

앵두가 붉게 익어 갈 때면
입술마다 사랑이 가득했었지

그 사랑,
앵두 같은 사랑이었나 봐.

나는 의자이고 싶습니다 외 1편

구 금 섭

나는 잎이 무성한 은행나무 아래
관절마다 삐끄덕거리는
낡은 의자이고 싶습니다

누군가 지치고 곤하여 의기소침해 있는 날
편안한 휴식이 되었으면 좋겠습니다

아무런 부담 없이 왔다가
자그마한 여유라도 안고 갈 수 있도록
더 없는 편안함을 주었으면 좋겠습니다

누군가 분노의 감정을 안고 와서
누군가를 실컷 원망하고 있다면
그 원망을 다 들어주고 싶습니다

누군가 기쁨에 들떠 환한 웃음으로 찾아와서
그토록 세상을 다 가져 버린 듯 이야기한다면
내가 그 즐거움을 다 담아 놓겠습니다

그래서 당신이 내내
미소와 웃음을 잃지 않았으면 좋겠습니다

그러다가 언젠가 당신의 기억 속에 내가 희미해져
영영 나를 찾아 주지 않는다 해도
정녕 아름다운 추억으로 간직한 채 살겠습니다.

파도의 꿈

가슴속에서 출렁거리는 사랑이여
당신에게 갈 수 있는 길은
오직 이 길밖에 없습니다

속된 몸 둘둘 말아 하염없이 돌진하여
창백한 포말로 부서집니다

욕망의 깃 앞세워 덤벼들다가
곤두박질을 치며 부서집니다

어느 대양을 지나 이곳까지 와
넘지 못할 절벽 앞에 부서지는가

내 힘이 스러지면
나는 엎질러지는 한 바가지 물에 불과함을
파도는 몸으로 말하고 있습니다
몸을 던져 깨트리면서 말하고 있습니다

파도는 부서지고 싶습니다
깨어져서 주님 닮고 싶습니다

당신에게로 가는 길은
오직 이 길뿐이기에.

가을은 그리움 외 1편

구 춘 지

깊어진 산 그림자
짧아진 해걸음
들국화 그리움
아득한 향기

흘러가는 강물 같은
푸른 하늘 너머 들녘
도리깨질 장단 소리에
코끝에 와 닿는 들깨 내음

산 그림자 고요히
내려 누울 때
하얀 머리수건 쓴
어머니의 종종걸음

보랏빛 들향기
바람 되어 불고 있다.

경춘선 숲길

만남과 만남의 먼 이야기들이 두런두런
애틋하게 달려오고 있는 경춘선 옛길

기적 소리에 새벽안개 헤치며 마구 뛰어
달려가던 교복 입은 단발머리 소녀와
기타를 치며 낭만을 즐기던 그날의 청춘
삶에 지쳤을 마음을 미루나무 길이 푸른
웃음으로 반기며 안아 주고 플라타너스 길은
바람의 노래를 부르고 있다

기쁨과 슬픔 희망과 절망을 싣고 달리던 길
이제 너와 나의 추억의 발자국이 꽃을 피우며
기차길 옆 텃밭에서 날고 있는 나비를 쫓는
어린 사내아이의 노란 꿈이 팔랑거린다.

모래 위에 쓰는 시詩 외 1편

권│규│학│

노을빛 저무는 다대포 해수욕장
시든 태양을 등진 백사장에 외로이 섰다
어떻게 하면 시詩 다운 시詩를 쓸까
나름대로 고민을 던지는 순간
서녘 하늘 가득 붉은 노을이 먼저
잿빛 하늘에 시 한 편을 써낸다

앞서 달아나는 땅거미를 잡으려
하늘 위로 풀어지던 노을이
산 그림자를 밟고 아래로 내려선다
하얀 구름, 붉은 구름에 섞여 검게 물들면
휘이— 산자락을 한 바퀴 돌아온 노을이
벙어리 된 시심詩心 앞에서
사라락 사라라락, 쉴 새 없이 빗질을 해댄다

검은빛 저무는 하늘에
말로 쓰는 시詩는 시詩가 아니라고
발로 쓰는 시詩가 비로소 시詩라고
시어詩語도 아닌
거센 파도 소리를 목청껏 내지르다가
끝내 다대포 백사장의 제 그림자마저
제 발을 질질 끌며 지우고 간다.

그리움의 향기

누구나 그리워할 수는 있을지라도
아무에게나 그리움이 생기지는 않습니다
하지만, 아무 때나 예고 없이
가까이 다가갈 수는 있습니다
그리움에는 약속된 시간도
정해진 길도 없기 때문입니다

그리움은 언제 어디서나
은은하고 독특한 향기를 풍깁니다
아름다운 꽃은
떨어지고 나서도 꽃으로 불리듯이
향기가 있는 사람은 세월이 지나도
늘 그리움으로 남습니다

언제 어디서나 같은 느낌
신선한 느낌으로 다가서는
달콤한 향기를 간직한 사람
변함없는 기억으로 반짝이고
변치 않는 모습으로 존재하는
그리움…, 당신의 향기입니다.

그때 그 소년은 어디로 갔는가 외 1편

권|순|악

그때 그 소년은 어디로 갔는가
푸른 하늘 뭉게구름 바라보면서
목청껏 노래 부르던 그 소년은 어디로 갔는가
고향 땅 부모 형제 떠나지 않는다고
산과 들로 뛰어다니던 그 소년은 어디로 갔는가

그때 그 소년은 어디로 갔는가
앞산 위에 무지개 바라보면서
온종일 가슴 설레던 그 소년은 어디로 갔는가
물 따라 바람 따라 세월은 흘러가지만
나는야 늙지 않는다던 그 소년은 어디로 갔는가.

참나리 꽃

칠월에 피는 참나리 꽃을
이른 봄부터 기다린다

다른 꽃들은 다 곱게 피어나도
숨죽이며 차례를 기다린다

세상 일 잊기도 어렵고
그리움도 잊기 어려운 일인데

오랜 기다림 끝에
주홍색 치장을 하고

고향 집 마당에 피던 꽃이
어느 날 활짝 웃는 점박이 얼굴

멀리 가버린 세월이라
잊어버려도 그만이련만

추억의 한 모퉁이에서
내 발길을 잡는다.

익어 가는 삶의 흔적 외 1편

권│영│억

산책길 우연히 선 거울 앞 내 모습
비친 형상 놀란 맘 옛 생기 어디 가고
세상 삶 원망 없이 걸었는데 남은 것은 흔적뿐

구명조끼 없이도 세월의 강물에
살아서 당당히 나의 존재 펼쳤더니
인생 삶 희·로·애·락에 여물어 간 황혼이네.

실업자 하는 말

금수저 은수저로 태어나지 못한 몸
우리 주변 청년들은 취직 안 된 생사거나
과생산 농산물 같아 홀대받는 젊은이들

처녀 총각 결혼·취직하고픈 사회 언제 오나
바늘구멍 뚫기보다 더 어려운 구직난
목에 건 훈장 같은 사원증 나도 한번 걸고 싶다.

생명의 다리를 건너가며 외 1편

권|영|춘|

봄 물살이 튼실한 삶을 생각하며
안개꽃이 되어 흐른다
끈질긴 생명 한 줄기를 지니고 혈관 속 뜨거운 피로
생명의 다리[1] 위를 조심스럽게 한 걸음 한 걸음 걸어 나간다
누구나 한 번쯤은 삶이 가슴 끝까지 시려오는 날
흔들리는 교각 위에서 위태로운 도시 위를 뒤뚱거리며 걸어
가고 싶을 때가 있을 것이다
억만 겁의 인연이라는 참으로 먼먼 사연이 있었기에
경쟁에서 간신히 승리하여
그 고귀한 생명체가
이 세상에 발을 디딘 너와 나
순간 헛발을 디뎌 강물에 던져버리다니
'여보게 친구야, 한 번만 더 생각해 보게나'[2]
63빌딩은 곰실곰실 석양의 봄볕을 껴안고 찬란히 빛나고 있다
다리 위 난간 좁은 틈새로
구석구석 새파란 봄풀이
모래를 뒤집어 쓴 채 질긴 생을 웃음으로 잇고 살아가고 있
는데

그 한때 포화 속에서 끊어진 다리 밑 한강으로
무수히 흩어진 넋들이
70여 년 세월의 더께 속에서도
찰랑대는 물결 위, 강가에서 나부끼고 있구나

우리들의 짧은 삶은 언제나
떠도는 먼먼 우주로의 여행 같은 것
이미 붕괴되어 버린 기억의 작은 샘터일지라도
외로움의 상처가 서로를 껴안듯
산다는 것은 참으로 위대한 승리의 길이리라
하나밖에 없는 '생명줄'을 자르다니
한 번만 더 생각해 보게나 한 번만 더.

1) 생명의 다리는 마포대교를 말함.
2) 마포대교 인도 동편에 부조물이 있는데 여기에 쓰여 있는 글임.

우보천리 牛步千里

소가 걷는다
두 눈을 끔벅이며 솟아나는 눈물을 참고
아득한 고향 하늘을 향해 걷는다
두 뿔로는 하늘을 굳게 떠받들고
두 조각 단단한 발톱으로는 인고의 세월을 재며[尺]
온몸으론 지축地軸을 굳게 밟는다
커다랗게 뜬 눈에 가끔은
서글픈 하늘이 비쳐올지라도
퉁방울의 검은 눈을 지그시 감고 살아갈 팽팽한 시간을
심장의 깊은 곳에 새기며 걷는다
업고業苦의 죄로 씌운 고삐를 원망하지 않고
산고産苦보다 더한 뼈에 닿는 울음으로
쓰라린 삶을 되새김질하고 있다
긴 속눈썹으로는 지상의 떫은 시간들을 하나하나 쓸어낸다
전설 깊은 콧구멍을 벌름거리며 가끔은
체념을 핥고 있다
타고난 운명의 멍에를 벗어날 수가 없기에
기다란 꼬리를 여유롭게 흔들어 대며
노동의 시간마저 즐거움으로 새긴다
그가 걷는다 멀고도 먼 그의 본향本鄕을 향해
저물어 가는 한 해의 세歲밑을 뒤로
지난날을 돌아보며 뚜벅뚜벅.

비대면 시대 그 후 외 1편

권|영|호

어떤 전설로 남을는지

고향에 오지 마라
사랑스러운 시선이
그리움 되어
마른 땅 위에
한숨으로 둘러앉았다

서로의 눈빛을 피하며
옷깃만 스쳐도 섬―찟 섬―찟
혼술, 혼밥, 혼영, 혼행, 홈캉스…
버거워도 손톱만 한 희망을 챙겨
우리는 혼자가 아니기에
마스크 속 안거安居로
용케도 버텼지

눈독 들인 좌표가 흔들려도
모두가 한때일 뿐
가슴속 촛불 하나 켜 들고
함께 위로하며
서로가 손잡았기에
꿈에서도 꿈을 꾸면
얼쑤! 덩더쿵
생그레

세상 살맛이 납니다

이제, 우리네는
평범한 일상에 행복을 둡니다.

풀꽃지기

아무도 침입할 수 없는
다소곳한 그 자태
가녀린 떨림
풀꽃의 사랑 이야기가
가슴에서 가슴으로
쏟아져 내린다.

속으로 품은
그윽한 사연
얼마나 그리우면
향기로 내놓을까
눈물 같은 맑은 마음
꽃등으로 내걸까

수줍어
작은 꽃대 세우고
무리 지어 핀
침묵의 선행이 아름다워
한 송이 꽃이고 싶다.

그대 그리운 날 외 1편

권 오 견

그대 그리운 날

생각의 끝에 서면
환하게 떠오르는 그대

어느새 내 울타리를 타고 넘어온
그대의 줄기

그대의 자전이 머문
때 묻지 않는 공간

깨어난 그대의 빛과 향기
깜깜한 나를 가득 넘친다

나도 그대의 울타리를
언제쯤 타고 넘을까.

나무와 새

나뭇가지에 내려앉은 새떼들 주르르…
출렁거리는 나뭇잎 허공으로 파문 진다
곡선과 직선을 넘나들며
수천 수만의 갈래길을 나선 새떼들
먼 하늘 너머 우주를 한 바퀴 빙 돌아온다
나무는 날마다 허공으로 뻗어 가는 가지에
우주를 걸어 놓는다
길을 걸어 놓는다
나무는 출렁거리며 큰다
궁합이 맞는 공존
나뭇가지에 새떼들이 쭈르르 내려앉는다
내 어깨 위에는 새떼들이 내려앉지 않는다
내 안에는 출렁거리는 길이 없다.

고추잠자리 외 1편

권│혁│찬│

가을을 익히다가 지루해진 바람 한줄기
벼이삭처럼 느슨해진 오후를 내려놓기 좋을 만한
설익은 들녘 모퉁이마다
고추잠자리
좁은 날갯짓으로
코스모스 흉내를 낸다
푸른 눈에 붉은 볼
분홍빛 가는 허리
벼 익는 바람 소리에 발끈 놀라
선홍빛으로 익어 가고 있다

가을빛 배 불린 부푼 눈망울
들녘 주인의 밀짚모자 속
야윈 어깨를 지나
누런 바람 끝에 진종일 시끄럽던
황소 말뚝 어슷하게 비껴 안고서
졸음처럼 파고드는 와인 빛깔 시름에
불 지핀 노을처럼
한 뼘씩 타오르고 있다.

내일

시간이 저울질 당하고 있다
싹둑 잘려나간 과거의 꼬리처럼
얹고 놓기를 거듭하는
모가 나거나 둥글지도 못한
어제의 사진들을 오려 붙이면서
저울추를 만지작거린다

지난겨울의 그림자 같은 어제
간밤의 선꿈 같았던
과거를 풀어 헤쳐
주섬주섬 저울대에 매달고
갓난아이 헤적이 하듯
목울대를 들먹이며
기다리고 있다.

엄마의 아기로 남고 싶다 외 1편

금 동 건

잊히지 않는 사람이다
엄마의 젖무덤 체온 냄새 얼굴
아기 때는 젖가슴을 가지고 살았고
어려서는 체온을 느끼며 살았고
커서는 냄새를 맡고 살았고
성인이 되어서는 얼굴을 보고 살았다
엄마는 이 세상을 떠나시고 안 계시지만
소맷자락에 묻어나는 된장찌개 냄새가 그립다
나이 육십이 넘어도 아들 왔나
이불 속에 묻어 두었던 홍시 한 알
꺼내어 주시던 엄마의 큰 사랑
엄마는 다 큰 자식도 품 안에 넣어 주셨는데
나는 엄마를 품 안에 품지 못하였다
그저 자식으로만 남았고
자식으로 지금껏 살았다
젖가슴 서슴없이 내어 줄 엄마는 안 계시지만
엄마의 영원한 다섯 살 아기로 남고 싶다.

엄마는 봄이다

넷째야
집에 왔다 가거라
와
엄마 먼 일 있나
아이다 먼 일은
나새이* 캐 났다 이가
가지고 가라
된장 넣고 끼리 무라
오이야
알았다 엄마
엄마의 봄은 더 이상 오지 않는다
그냥 하늘만 쳐다본다.

※나새이: 냉이의 경상도 방언

님의 손길 외 1편

금 동 창

어둠을 골방 삼아 두 손 마주 잡고
주여! 하고 부르짖을 때
까악까악까악까악 소리에
영혼 밑바닥에서 뜨거운 기운이
울컥 솟아났다

언제부터인가
주여! 하며
내 가슴이 뜨거워질 때마다
하늘의 전령처럼 까악까악 울어 주었다

씻어지지 않는 검정의 저주를 걸친 너
그림자 같은 검은 마수에 걸려 있는 나
타고난 원죄인 양
씻고 씻어도 지워지지 않는 고뇌
그분 앞에 나의 몸을 불태울 때
네 속에 내가 있어
너는 함께 울어 주었다

주님!
까마귀의 우짖음 속에서
내 영혼이 님의 손길 찾고 있나이다
피로 씻어진 영혼만이 거룩해진다고
검은 까마귀의 하얀 거룩을 기도하고 있나이다.

가을 하늘

바람 한 줄기 지나간 자리
목이 메이는 애잔한 빛깔로
스프레이를 뿌린 듯
가을은 물들고 있다

푸른 바다에
외로운 배처럼 떠 있는
흰 구름 위에
어렴풋한 기억을 뜻도 없이 그린다

훌훌 떨쳐 버려도 아쉬움 없는데
미련하게 붙잡고 있는
허망이 부끄럽다

아쉬움, 그리움
닦아지지 않는 이 생의 눈물이라고
하늘이 일러 주고 있다.

십리포 해변 외 1편

김 관 식

영흥도 십리포 해변
소사나무 방풍림

줄기, 가지 모두
꾸불꾸불 관절통을 앓았다

해풍이 불어올 때마다
출렁출렁 삐걱삐걱
뼈마디 쑤셔 오는 소리

한겨울 십리포 바닷가
하루가 저물어 가면

백화당 허 의원
소사나무 가지마다
약침 꽂고 돌아갔다

서해 바다 수평선 끝
까치노을 반짝반짝
피비린내 울렁울렁
가슴이 아려 왔다.

가을 도토리

쌀쌀한 가을바람이
도토리나무 가지를 뒤흔들었다

긴급 명령이다
모두 뛰어내려라

가지에 매달린 도토리들이
후드둑 후드둑
캉골베레모 벗고
땅바닥으로 떨어져 내렸다

도토리는 각개전투 중
뿔뿔이 흩어져
낙엽 사이로
또르르 몸을 숨겼다.

탑 외 1편

김 근 숙

누구의 원願이던가
켜켜로 앉은 세월
풍화된 모서리마다
전설이 묻어나고
밤새워 돌고 돌며 외던 소원이
천년을 인고한 석상으로 마주 선다
그대 이끼 낀 겉옷으로
층을 업고서
삼킨 날들 헤아리며
침묵하는 혼이여.

돌아보는 길

발걸음 헛되이 놓지 않으려
땅을 보고 걸었고
헐한 모습 보이지 않으려
옷매무새 거듭 확인하며
산다고 살아온 나날들

마음만 여려 없는 걱정 만들어 가며
스스로 앓던 날엔
유리컵의 작은 꽃 한 송이
끝없는 위로가 되었고

모든 게 안으로만 쌓여진
얇은 가슴은 하늘 되고 바다 되어
세월의 길이만큼 비례 되는
마음 밭이 되었다

다 지난 지금에사
풀꽃 화관 머리에 얹고
빈 들판 팔 벌린 미소로 하늘을 보면
고운 노을 자락으로 휘감겨 오는
이 여유로움

시린 동천冬天 기다리는 언덕으로
내일은 가야지
투명한 바람 친구 되어 줄 게다.

동행 외 1편

김 기 순

외로움을 넘어서면
비로소 묻혀 있던
낭만이 보인다
숨어 우는 숲속의
풀벌레 소리가 정겹고
굳세게 피고 지며
제 몫을 다하는
꽃망울이 보이고
파란 하늘에 길을 내며
날아가는 새들의
무한한 자유가 보인다
마음이 열리니 세상이
이렇게 아름다운 걸
웅크리고 있었구나
혼자가 아닌
이 모두가
나와의 동행인 것을.

어머니의 가을

옹골찬 수확의 기쁨
어머니의 정성과
땀방울이 함께 자란
풍성한 결실이다
봄부터 허리 펼 날 없이
종종걸음으로
자식처럼 돌보시며
쉴 틈 없이 밭일에
매달리신 어머니
그렇게 고단한 삶이지만
자식들에게 나눠 줄
기쁨이 더 크셨다
가을이면 툇마루에
나란히 세워질 자루에
자식들의 이름이
적혀 있을 상상을
먼저 떠올리시며
어머니의 얼굴은
보름달만큼 환하셨다.

헌화獻花 외 1편

김 낙 연

사랑을 이루기 위해
심장 같은
빨간 장미를 바치던 날

그토록 연모하다
맺은 새순 같은 가연佳緣
소박하게 꽃 피기를 기원했는데

한 줌 재가 된 그대 앞에
눈물 젖은
하얀 국화 한 송이를 바치는가

애통하여라
검은 장막에 가리어 조각조각으로
무너지는 가슴이여

마지막 떠나는 날
남은 정 남김없이 눈물 되어
그대 잠든 곳에 젖어 들리리라.

쑥부쟁이

오랜 기다림 지나
옛 정인情人 그리워 찾은
미시령 고개에 가을이 기운다

노을빛 엷게 물든 오솔길에
산처녀 순정을 고이 간직한 그대
그 향기에 젖어 만나고 싶구나

구절초와 이복 자매의 서러운 사연
가을바람에 씻어 내고
들꽃들과 어울려 바람에 안긴 그대

짧은 만남의 애잔한 아픔
노을 햇살에 감은 청초한 모습
누가 그대를 쑥부쟁이라 비하卑下하리

언제 심성 고운 선남이 나타나
가슴에 옮겨 가꾸며 살리니
지순한 고움과 향기에 국화菊花로 격상되리라.

피라칸사스 외 1편

김 남 구

오뉴월 하얀 꽃잎
나비와 맺은 정은

한여름 뙤약볕에
가시에 찔린 눈물

알알이
영근 사랑은
불꽃으로 열렸네

물바람 스멀대는
호반의 모퉁에서

하늘 창 활짝 열고
붉은 알 찰랑이니

구겨진
수면 위에는
은빛 노을 더하네.

해국 海菊

척박한 곳 마다않고
보랏빛 웃음으로

갈매 빛 물바다에
들나는 둥근 낯은

수평선
목에 걸고서
기다림에 젖었네

바닷가 벼랑 위에
갯바람 맞대 앉아

해발짝 웃음으로
즐기는 윈드서핑

잠시간
망각을 깨우는
흩날리는 물보라.

수많은 어제 외 1편

김 동 배

말없이 지나가는 그들은
어디로 가고 있을까?
그렇게 살다가 다른 곳으로 떠나가면
남은 이들은 어디로 갈까 망설인다
그렇게 또 어제를 만들고

그들이 태어난 곳은 내일을 기다리며
순서 없는 줄서기에 나선다
숫자에 얽매이지 않고
그저 앉아 있다가 서 있다가
움직이는 모습만 보이다가 어디론가 간다

정처 없는 나그네처럼 가다가
만들어진 틀 속에서 벗어나
그저 기약 없는 길을 훔친다
수많은 것을 잉태하면서 또 준비하고
또 준비하다가 잉태하고
그러다 수많은 어제들이 만들어진다

가고 오는 세상
그 세상 속에 오늘도 어제는 있다
평범하게 익어 가는 것이 아니라
모래알처럼 많은 것을 만들다가
살며시 누구도 모르게 움직임은 시작된다
그렇게 수많은 어제가 태어난다.

흙탕물이 흙탕물인 세상

구정물은 자연과 사람이
만들어 낸다
그렇지만 자연과 사람은
그 구정물을 맑게 만들지 못한다
그래도 만들 수 있다

구정물과 흙탕물은 종류는 틀리지만
가는 길은 같다
괜히 그렇게 된 것이 아니고
자연의 욕심과 사람의 욕심 속에
희생된 희생물이다

그래도 느끼지 못하고
자꾸자꾸 익어만 가는 흙탕물
누구도 깨끗하게 만들려고 하지 않고
그 흙탕물이 맛있다고 한다
세상은 그래서 흙탕물 속에서 움직인다

500년이 지난 지금이나
500년이 지나지 않은 옛날이나
그 맥은 같다 심술이 같으니까
흙탕물이 없어지면 세상도 없어진다
그래서 눈만 빼꼼히 뜨고 바라만 본다
재미없게.

세월의 구멍 외 1편

김 | 명 | 자

보이지 않는 흔적
빗줄기는 바위를 예리하게
찍어 내린다
아무 흔적도 없던
며칠이 계속 가더니
어느새 세월의 흔적만큼
뚫린 구멍들은
바위의 뿌리까지
깊은 상처를 낸다

빗줄기 맞으며
늙어 가는 것은
수천 날들의 예의인가
슬픈 곡조인가
살면서 구멍 난 마음들은
삶에 꽃을 피워 달래 줘야겠다

생의 꿈

그의 별 서쪽 바다
기억을 머금은 고등어
생을 따라 비릿한 냄새를 품는다

물살 가르던 고등어
가격을 매긴 스티커를 붙이고
볼품없이 늘어져 있다
살짝 벌어진 입가는
마지막 뻐끔거리던 생을 기억할까
푸른 등 위 다 녹은 기억이 송글 맺힌다

부엌에 퍼져 나가는 바다 내음
푸른 등 지글대며 군침 돋는
몸과 마음 바친 공양의 몸 되어
노릇한 모양새로 저녁 밥상에 올랐다

넓은 바다 물살을 가르던 고등어
마지막 꿈을 꾸었다.

가을, 그 쓸쓸함에 대하여 외 1편

김|병|철

언제인가 지나간 먼 먼 그때부터
그대 향한 내 마음은 언제나 현재 진행형입니다
조금은 가슴 아린 슬픔이 옹이로 남아 있지만

벌레가 갉아먹은 구멍 뚫린 이파리의 나이 든 나무처럼
나도 세월을 먹어 시나브로 늙어 갔지만
그래도 색 바랜 가을 잎 속에 초록이 조금은 남아 있습니다

이제는 삶이란 다 그런 거라고
나 모르게 가는 세월에서 몸으로 스스로 배우고 보니
언제나 그대가 곁에 있어 주어 고맙고
덜 쓸쓸하고 덜 외롭고 덜 아프다는 걸 알았습니다

이제는 잠 속에서 곧잘 꿈도 꾸고 그 꿈속에서
별 꿈을 꾸다 깨도 아쉬움에 어둠 속 기나긴 남은 밤을
뜬눈으로 앉아 멍하니 보내지는 않습니다

올해도 어김없이 가을이 문턱을 들어섰습니다
조금 더 늙어 가는 가슴엔 가을이란 쓸쓸함이 또 도져 오겠지만
그래도 우리네 생生은 망각이란 무기가 있어
아무 일도 없는 듯 잊고 또 살아가나 봅니다

이젠, 나이 먹음에 쓸쓸하고 또 외로워도 조금은 잊고
언제나 내 곁에 있어 주길 바라는 그대와
이 가을 가슴에 남을 좋은 계절로 보내려 합니다.

애증愛憎

그래 언제나 옆에 남아 진저리나도록
쉼 없이 짓쳐 대는 쇳소리를 노래처럼 듣는다는 건
나름의 행복인 거다

휘젓는 찬바람에 등 밀려
막다른 골목 끝까지 와서야 가쁜 숨 가라앉히며
속을 비워 가는 낙엽처럼

쌩쌩한 시린 찬바람 가슴속 드나들어
깊은 한숨 땅이 꺼지도록 토해내고
밤이면 등 돌려 눕는 외사랑에 미움도 샘이 솟듯 하지만

질척이는 쇳소리 찬바람에 실어
귓속을 헤집고 가슴속 드나들며 옹이를 남긴다 해도
여태 옆에 있어 준 것만으로도 행복이라 되뇌며
언제까지나 곁에 있어 주길 바라는

그래 그것도 다 사랑에서 오는
미워도 사랑하고 사랑하기에 또 미워도 하는
누군가는 그걸 애증愛憎이라 한다든가.

걸음발 외 1편

김｜봉｜겸

뒷산을 오르는데
늙지도 젊지도 않은 한 사람이
종종걸음으로 내려온다

높은 산은 아니지만
저 걸음으로 어디까지 올라갔었을까
차마 묻지 못하고 비켜섰다

잠시 후 뒤돌아보니
아슬아슬하나 의연하게
종종걸음 치며 내려가고 있다.

함박눈이 내릴 때면

함박눈이 펑펑 쏟아져 내릴 때면
꿈속에서나 만날 만한 사람과 함께
은근슬쩍 팔짱을 끼고
함빡함빡 웃으며 눈 속을 걷고 싶다

부딪치듯 서로를 의지하며
종종걸음으로 맴돌다가
빠져나오지 못할 만큼 눈 속에 묻혀
눈사람이 되고 싶다

맨손에 전해지는 체온을 느끼며
주름진 얼굴이 활짝 피어날 때쯤
눈사람의 웃음으로 마주 보며
녹지 않을 만큼 얼굴 가까이 다가가고 싶다

함박눈이 펑펑 쏟아져 내릴 때면
눈 속으로 눈 속으로 빠져들어
한번쯤 다른 세상을 살고 싶다.

삼월이 오면 외 1편

김 부 치

두 손을 활짝 편
꽃씨 하나 봄 냄새 맡고
어미 겨드랑이에
촉촉한 얼굴 내밀 때

날렵한 제비
희망의 노래 부르면
아지랑이 불꽃처럼 하늘하늘
중천에 푸른 봄 누워
꽃잎을 애무하나니

오방색 꽃무늬
나비들 무릎 꿇고 팔락팔락
볼이 붉어지는 나비
족두리 쓰고 봄의 향연 보러 가자.

굴렁쇠 놀이

자고 새면 이변을 꿈꾸는 굴렁쇠
끝과 끝이 보이지 않아도
철막대 하나면 지구는 굴러 간다

구르고 굴리도 쓰러지지 않는
미래를 향해 굴리는 생명의 빗살이
행위예술과 같다

익숙한 손의 떨림 천 번을 굴려도 모나지 않고
화려하지 않은 것은
미래를 창조하는 제조기가 되기 위해서다

굴렁쇠 소년은 88올림픽을 세계에 알리고
지구는 둥글다 세계가
하나 되는 눈부신 평화의 상징이었다

오르막과 내리막이 힘들어도 촛불처럼
불사르며 정해진 궤도와 순서대로
세계에 깃발을 꽂았다.

습관의 반란 외 1편

김|서|연

아유~ 깜짝야
신형 건물 과학의 자유

삶의 터전
띠 낮은 삶의 공간
백여 살 연륜의 토담집
뼈아픈 호소 삐그덕삐그덕
솔바람만 불어도 우르릉 꽈당
우리와 숨 고른 지 사십여 년

떼고 붙이며 삶을 함께한 지
여러 해 문을 넘나들 땐
크고 작은 문턱이 많은 공간
행복과 아픔이 숨 고른 지 수십 고개

신형 건물 방문할 땐
숨소리에 사르르 열리는문
현실과 분리된 문명의 시야
깜짝 놀라 멈칫하는 습관의 반란.

별이 빛나던 날에

그 예전
봄 어느 날
성미산 백일장
'주제' 인연 외 3편
인사말에 "인연을 이년이라 쓰지 마시오"
긴장을 풀어 주시던 황금찬 선생님

학습에는 엄하시고
한없이 인자하시던
곧은 성정의 선생님

겸손에 검소하시던 삶
시만을 바라보시던 외길 인생
참사랑 시 예찬이셨다

지하철 에스컬레이터 꼭 잡으시던
서민적 생존의 모습

문학계의 큰 별
타계의 소식
저 별밭에서 편히 쉬소서
시 나무 예쁘게 튼실히 키우시며.

양귀비 외 1편

김 선 국

경국지색 황궁을 마다하고 얻은 초가,
두세 입 벌려도 눈감아 주는 술라군
죽침을 기써 놓기 전에 요긴하게 쓰일 약초

빗나가야 미인계 양국충만 호강했지
절벽도 절색이다 먼길 재서 떠났지
기러기 어버이도 저승길 내면 경국지색

고운사 나의 꿈은 낫살의 우열 안 두지
사막의 낙타처럼 퇴장할 경국지색
갓 심은 음양의 애비만 복장 치는 장안 소식….

거울

쌍방을 볼 수 있는 벼랑이 존재하면
보듬을 수 없는 한 시름 옛가락 뜯으면서
꿈마저 뫼에 띄워 가다 제짝 찾은 큰물이여….

마스크 외 1편

김│선│옥 ^{우주}

이목구비 없는 투쟁
숨가쁘게 헤엄친다

굽굽이 눈을 뜨고
푸른 꿈이 깊은 우리

참으로
결고운 해우
향기로운 면사포.

늦가을의 사과나무

넋을 사른 생명인가
빛들이 일어선다

영혼의 맑은 노래
진실 그 자국인가

맺히는
화려한 슬픔
늦가을을 태운다.

착각 외 1편

김 성 화

착각은 자유라 했던가,

젊은 날 기억의 저편에서
내가 잘난 줄만 알고 우쭐대고
매사가 잘 아는 줄 알고 내 소견이 정답인 줄만 알았는데
많은 세월의 파도를 타며
나의 눈과 귀와 코와 혀가 세상을 향하는 언행이
해변의 몽돌이 되어, 아침 겨울 동산에 동백의
붉음을 보면서 만나는 인사마다
부드러운 미소와 유머는 산새들이 조잘대는
공원의 아침을 훈풍으로 돌고 도는 보람이었네

요즘 세파간의 세대의 충돌을 보내노라면
이익집단의 정견이 절대인 것 같지만,
언론에서 내어 놓는 논설이 정답만은 아닌 것을
서로 양보하는 몽돌정신이 선답임을 알아야
언론도 언론 나름이니 그 이름 빌려 걸어온
경험의 세파를 뛰어넘어 정견과 행동은
만인의 눈살을 찌푸리게 하는 수 있으니

살다보면 착각 속에 사는 인생인데
너무 정의로운 운행보다는 파도에 밀리고 실리면서
깎여진 몽돌정신으로 살자꾸나.

나의 길

빠져나갈 수 없던 퇴락의 날
공염불도 꿈을 꾸건만

흘러간 구름 한 점에
영혼마저 녹아내린 내 육신

오늘 테마공원의 매미와 새들의 합주곡은
천년을 깨우는 자연의 합창

길 잃은 길손을 위한
한 점 바람의 소식

나의 길은 멈출 수 없는
험난을 이겨가는 영혼의 길

노을은 붉게 붉게 물드는데.

봄까치 꽃향기 외 1편

김 순 애

그대가 먼저 보내온 봄이
어쩌면 이리도 따뜻한지
꽃잎 터는 소리가 들리는 듯
부푸는 바람 속에 봄이 가득하다

눈 녹은 젖은 손이 닿는 곳마다
움찔거리며 들판이 깨어나고
갓 헹구어 낸 햇살이 봄이구나
까치 한 마리 후드득 흐린 아침을 흔든다

엉성한 둥지 봄맞이 청소라도 하려나
빛살 한 올씩 물어다 어둔 구석을 밝힌다
겨우내 내가 짜둔 뜨개질 사랑도
한 올씩 풀어 그리움을 보내 드리리

남쪽으로 창을 내어
봄까치 꽃향기를 들여보세요
긴긴 불면의 겨울잠을 깨워
초록이 환한 얼굴을 다 덮기 전에

봄은 사랑방 손님과 어머니 같다.

미틈달

갓 구운 햇살에
노릇노릇 생선처럼
바싹 익어 가는 은행잎

빈몸의 청빈한 나무들
단풍잎 하나 은행알 하나
소박한 식탁을 차리는 아침

가을은 자꾸 가고
12월이 오기 전에
바람도 서둘러 길을 내고 있다

내일 '입동' 이라 적혀 있다
오후 비 온다고 뉴스도 궁시렁
갑자기 11월의 분량이 줄어든다

분주해진 달력
안간힘을 쓰고 매달려 보지만
벌써 반입이나 베어 문 미틈달.

푸른 그녀 외 1편

김 | 승 | 범

내 마음에
수갑을 채웠다

고마운 시간들
소리 없이 스치고

지나온 세월
주마등처럼 스친다

한 백년쯤 익으면
벗이 될라나.

하얀 나비

하늘 가득
눈송이
꽃개비로 내리고
펼쳐지는 치맛자락
살짝 여며 잡는다
가슴 한 켠 서린
미움
사랑
애증
하얀 치마로 가리고저
팽그르르
공작 부채 그리며
안개를 피운다
이따금 이따금.

함께 사는 세상 외 1편

김 연 하

향기로운 사람끼리
세상사 서로 사랑을 주고받을 때
다 같이 기쁨의 샘터가 된다

가끔 홀로 핀 꽃은 아름답긴 해도
왠지 쓸쓸하게 보이듯이
꽃은 어울러 피어야 풍요롭고
아름다운 꽃밭이 되며

해맑음 웃음과 따뜻하게 배려하고
착한 눈빛으로 서로를 도우며
안전하게 같이 살아가는 삶이
얼마나 아름다운 일인가.

푸른 하늘에서 희망이 열리고
광야의 길로 나갈 때 우리의 소망이
활짝 피어 다 같이 빛나게 되리.

인연의 날개

잔잔한 호수에 우연히 던진
돌처럼 사랑으로 쉼 없이 물결치며
마음을 닦아 맞춰질 인연으로
숙명처럼 받아들여진다

언제나 날 위해 주는 마음 주고
맑은 하늘보다 더 높고 바다 깊은
그대의 한결같은 고운 마음이
내 심장을 감동으로 울리고 있기 때문에

긴 기다림 끝에
겉으로 보이는 것보다 속으로 닮은
더욱 마음이 가까워져 꼭 필요한
인연을 찾는다면 사랑의 날개를 달고

바른 생각 고운 마음으로
만난 인연을 감사하게 생각하고
주는 마음 기꺼이 받아들이면
아름다운 행복의 열매 맺으리.

빨래 외 1편

김 영 옥

세상에 오염된 것들과
냄새나고 추악한 것들은 스스로 안다
향기 있고 순결해지기 위해
얼마나 혹독한 연단의 과정을 거쳐야 하는지를
얼크러져 머리채를 휘어잡은 채
서로 밀고 당기고 두들기고
살기 위해 피나는 노력을 해야 한다는 것을

죽을 만큼 지쳐서 널브러져 있을 때
사정없이 쏟아지는 차가운 물
고문은 반복된다
한참의 시간이 흐른 뒤
영혼과 육체가 탈수되어 혼미할 때쯤
비로소 화해의 악수를 청한다

자신을 고집하지 않는 까닭에
일렬로 나란히 어깨를 받쳐 주며
태양 아래 반짝이는 모습으로 선다
눈부시게 맑고 빛나는 미소
다시 태어나는 것이다.

바람 문상

그녀는 췌장암을 앓고 있다
노랗게 낙엽처럼 바스락거리며
가끔 배를 움켜쥐곤 한다
보험을 들어서 수술비는 걱정 없다고
지금 사는 빌라가 개발되어
돈방석에 앉게 될 거라고 자랑도 한다
유명한 병원, 덕망 있는 의사가 집도하니
자기는 행운아라고 손뼉을 친다

몇 차례의 항암을 거쳐 수술대에 오른다
수술 날 아침
"하나님의 은혜로 잘 될 거야
눈부신 햇살과 응원을 담아 너에게 발송한다"
예쁜 하트와 함께 그녀의 침상으로 날려 보낸다

며칠 후
밤에 부음을 듣는다
다시 병상을 찾았을 땐
행운도 재개발도 미래도
흙먼지 꽃가루 날리며
이미 바람 속으로 흩어진 뒤였다.

인문주의자의 열기 외 1편

김│영│천│

전기난로는 코드만 꽂으면
이내 뜨거워진다
나는 그런 사내 하나를 안다

코드만 꽂으면 금방
세상을 온통 뜨겁게 달구었다가
코드를 빼면 또 금방 식어 버리는
그리곤 내내 정물처럼 앉아 있는
사내 하나를 안다

언제나 뜨거워질 자세로 흐트러지지 않은 채
당신을 간절히 기다리는
저 인문주의자

사유는 늘 일방적이거나 일률적이다
회전으로 맞추어 놓으면
이젠 제 주위의,
제 주의主義의 온갖 세상을 다 간섭한다.

법은 법일 뿐입니다

법을 믿지 마십시오
법은 결단코 완전하지 않습니다

법은 제 편견이 부끄러워 날마다 변명을 늘어놓거나
적당한 판례로 낯가림하거나
줄줄이 규칙이나 시행령 따위로
제 오지랖만 넓힙니다

육법전서 안에는 아무 길도 없습니다
법을 차라리 외면하십시오
법에 갇히면 그 무망 속에서 영원히 헤어나지 못합니다

법으로써 법을 대적하며
법으로 전투하며, 법으로 먹으며
법으로 쓰며, 지우며
법으로 숨을 쉬다니요

오늘도 수십 개의 새로운 법을 만들고
그 법을 옹호하거나 핑계하고
모든 것을 법대로 하자는 세상이여

무법천지 만세!

나는 오늘 3월 외 1편

김 옥 녀

일찍이 길을 나선 아침은
날씨 변동이 잦아도
한번 먹은 마음 흔들지 못하지요

보세요. 잔설이 엉뎅이 붙이고 앉았던 자리에
봄기운이 움틀거리는지, 연거푸 재채기를 하네요
버들강아지 꽃눈 트나 봐요
화독처럼 올라붙는 알레르기 입덧을 하는 거지요

천변 풍경이 시시각각 다를지라도
두 손 벌리고 만상萬常을 깨우는 강둑길로
걸어오는 저 구름 너울 쓴 쑥, 냉이, 독새풀
양지쪽에서부터 손을 흔들어 대며 오는지라

아직은 응달이 싫은 3월
전신이 시리고 뻑뻑하여
방금 부화한 노란 병아리처럼
봄볕이 엄마인 줄 알고 졸졸 따라다니는데
여기저기서 늦장 부린다고
어깨를 툭툭 치는 바람에
귀빠진 오늘 물에서 물고기와 함께 입질해요.

짚의 주인

나는 밥 나무였어
먹고 배설해야 사는
만경 들에서 고엘 손에 묶인 짚
한때는 아이를 해산하는 산모도 짚을 깔고 몸을 풀고
산후 뒤처리까지 탯불로 마무리한 재는 땅에 보너스로 주고
태어나서 제일 먼저 나를 보듬어 주던 짚

한 나그네가 우리 마을 전경을 둘러보면서
짚눌 보고 이 집은 부자이고 빈곤한지 알아볼 수 있었고
그 시대 정보를 알리던 문화는 해성처럼
큰 성을 이루어 달나라까지 발판을 대고
농경 역에서부터 출발했었지

수시로 짚눌 곳에서 짚을 들어다 아궁이에 불붙여
식솔들 밥상을 준비하신 어머니는
군불로 속살도 녹여 다복을 만드셨지
동란에 당신이 스스로 횃불이 되어 안위를 알리셨지

이런 애환이 담긴 농한기 사랑채에서는
사는 이야기 꽃 피우시는 어르신들은 가마니, 꼴망태, 이엉, 짚신, 용마루
용케도 생활용품을 만들어 사용했고
우리 문화가 짚에서 꽃처럼 이렇게 피어나는데
시대가 변했다 해서 소먹이만 되랴

타향에 산다고 밥숟가락을 놓을 수는 없지 않은가,
가을볕에 누워서 몸에 하얀 뭉게구름 그려 넣는
버섯을 키워 보라
발효된 청국장을 달나라까지 배송한
달나라 식당 토종 옹기 탕에서
보글보글 끓는 청국장 맛 들어 보렴.

부활이요 생명이신 예수님 외 1편

김|용|길

"환난 날에 날 부르라 내가 널 건지리니"
예수님 이름만 불러도 죽은 영혼 살리시는
그 은혜 죽고 죽은들 어이 갚겠나이까

십자가에 피흘리사 돌아가신 주님 앞에
만백성 비통한 눈물 천부인들 편하시랴
하늘 나는 기러기도 하염없이 울고 가네.

끓는 물에 들어가도 내 죄 씻지 못하고
불구덩에 들어가도 죄 짐 벗지 못하나니
내 죄 사함 받기는 예수의 피밖에 없네.

청나단 두루마기 백년 영화 꿈이거늘
부활이요 생명이신 예수님을 믿으면
누더기 입었어도 웃고 가는 하늘나라.

십자가 꽃

살을 에는 밤하늘에 피어 있는 십자가 꽃
온 백성 구하시려 주님 흘린 보혈의 꽃
예수 돌아가신 후 다시 사신 부활의 꽃.

산마을 섬마을에도 피어 있는 십자가 꽃
가시밭길 쓰라려도 하늘 가는 소망의 꽃
헐벗고 굶주린 이웃 보살피는 사랑의 꽃.

독수리 나래 타고 와 사방팔방 둘러봐도
방방곡곡 십자가 꽃 아름다운 대한민국
구세주 예수 믿으면 영생하는 생명의 꽃.

어떻게 해야 합니까 외 1편

김 우 식

밤새 뒤척이다
한숨 속에 잠 깹니다

아이고!
바보 가시내야

콜걸에 남편 빼앗기고
세 자식과 어떻게 살래

여보! 용서해 주오
나 혼자 어떻게 할 수가 없었소

딸자식 불쌍해서
어떻게 해야 합니까

조각, 조각 애비 가슴
어떻게 해야 합니까

주님! 말씀하소서
피멍 된 홀애비 눈물
누구 죄입니까.

강제 이혼

이혼 도장 안 찍으면
카드 사용 중지
자식 학원비 중지
생활비 중지
아빠, 나 어떻게 해

자식 때문에 도장 찍지 마라
아빠와 형편대로 살아보자

아빠, 손서방 못살게 해서
도장 찍어 주었어

바보 가시내야
자식 때문에 참아야지

아빠!
자식은 계모에게 줄 수 없어
내가 키우기로 공인증서 받았어

착한 바보야
공인증서 보니 다 엉터리다
내가 변호사 선임했다

딸이 도장 찍어 주고

아빠! 숨이 막혀
응급실에 가자

아빠! 애들 저녁은
학원 보내주고
김밥 사서 먹여 줘

이 일을 어떻게 해
눈물이 하염없이 쏟아진다.

단풍나무 외 1편

김 원 길

진홍빛 화려한 단풍나무가
꽃등처럼 환하게 웃고 있다

벌 나비도 오지 않는 가을 나무에
단풍은 왜 꽃보다도 아름다운가

찬 서리 곧 내려 낙엽 질 텐데
불 타는 단풍으로 치장을 하는 것은

인생도 이럭저럭 저무는 지금
여생도 저렇게 끝내보라 함인가

저녁 하늘 붉게 물든 노을을 보듯
이 저녁 처절한 단풍을 본다.

한날한시에

나, 당신 없으면
혼자 어찌 살지?

우리 한날한시에
같이 갔음 좋겠단다

영화 보다 잠들 듯,
꿈 깨는 일 없이,

손 잡고 스르르
옮겨 갔음 좋겠단다

한날한시에
옮겨 갔음 좋겠단다.

영아怜我 외 1편

김의식

너희 흐름은
무서리 내리는 긴긴밤
혼절되어 잠자다
땅 버들강아지 입 바람으로
살포시 실눈 뜨고

강 언덕 저편 아지랑이 가물대면
나비등 타고 날아라
날아서
실개천 물소리 조잘대고
오솔길 솔바람 휘돌아
산과 바다 구름 두둥실
무지갯빛으로 곱게 뜨거라.

날은 좋은데

있으려니 했는데 눈을 감는다
기다리다 가만히 귀를 막는다
감은 눈 하나 가득 네가 보이면
너무나 가까워서 보이지 않고
막은 귀 적막 속에서 너 오는 소리
두 귀는 부족하여 들리지 않네

그날에 두고 떠난 너의 모습이
불현듯 다가와서 잡을 수 없어
눈웃음 둥근 볼이 환상이었나
진달래 지고 여름 지나 가을이라
갈대꽃 피는 언덕 저녁놀 물들어
참 오래 그 겨울을 잊을 거라고

바람 자고 꽃 피어 날은 좋은데
두 눈은 흐릿한 안개 속을 헤매고
두 귀는 멍~하니 세월 가는 소리.

그해 여름 운부암 외 1편

김｜이｜대

방황의 끝을 모르고
아파했던 그해 여름
운부암 가는 길

불이문 앞에 서니 무거운 짐 내려놓고 오소
원통전 앞 삼층 석탑에 앉은 목각 노인이
"우째 왔노!"
모두가 내 속을 빤히 들여다보는 듯했다

고요 적적 운부암 마루에 앉아
하안거 큰 스님 머문 흔적을 찾아보는데
벼름박에 붙어 있는 그림 글자 하나가
마음을 얼어붙게 만들었다
빌 공空
훔치듯 품속에 안고 나왔다

원통전 기둥에 적힌 말씀이
설함 없이 설하고 들음 없이 듣는다

속이 빈 고목에는 잎이 푸르고
하늘에 흰 구름이 떠 있었다.

내 안에 부는 바람

보고 싶은 얼굴
부르고 싶은 이름
오르고 싶은 산이 있어
내 안에는 바람들이 살고 있다

초저녁 별로 뜨는 소오냐의 얼굴
시베리아 유배지에서 부르던 이름 카추샤
킬리만자로의 설산에서 만나고 싶었던 표범

동경 속의 그리움들이 바람으로 부는 날은
그루미 선데이 연주곡을 듣는다
음산한 음률에 휩싸이는 애수가
죽음으로 몰고 간다

바다에 파도가 절벽에서 부서진다
그리운 이름들을 하나하나
해벽 어디에다 다빈치 코드로 새긴다

아무는 바다에서
도리스데이가 노래를 부른다.

귀뚜리 외 1편

김 일 두

날은 저물고 소슬한 바람 부는 밤
새로이 읽힌 문장들
밤을 도와 누렇게 새김질한다
귀뚤귀뚤, 귀뚤귀뚤

계절을 익히며 밤은 짙어 가고
지칠 줄 모른 낭랑하게 글 읽는 소리
초롱한 별밤을 일구어 간다

밤에 묶인 초가삼간이 큰 글방 같고
더욱 청아한 울림으로
못나고 무지렁이 같다 할 것이나
아랑곳 괘념치 않으니
참선비의 덕목이라

청빈 조상 원망코 탓한 바 없으니
겸비한 심성은 문장가 덕망 아닌가
몸에 붙은 비늘 같은 글 읽는 소리.

거울 뉴런

서늘한 바람이 성큼 달려들어
싱싱했던 은행잎이 살가움으로 다가오네
쪽빛 하늘이 넌지시 내려다봄이 예사는 아닌
언제부터인지 구부정 걷는 내 모습에 호의로
유독 저들 눈에 띄었나 보다

바람이 점점 쌀쌀해지고
햇빛이 점점 따가워진 기복에
신록의 나뭇잎들 결기는 보이건만

안 보아도 안 들어도 보고 들은 듯

쪽빛 하늘만 보고도
어느새 세월의 옷 마름질 채근을 받는다
땀이 숨어 버린 것이.

낙엽 외 1편

김 일 훈

차마 못다 한 이야기는
문장을 이루지 못하고
낙엽이 되어 흩어진다

자음과 모음으로 구르다
기역 니은으로 혀가 말린다

서툰 표정과 몸짓은
비와 바람에도 여전하다

마른 낙엽은 마른 소리로
젖은 낙엽은 젖은 소리로
말 못한 속내를 되삭인다.

청풍호

청풍호의 삼월
초생달이 차다

내 손 안의 손
한줌의 온기가 기껍다

달빛이 희므로
벚꽃이 분홍으로 부서지나

늦은 시간에
이른 봄을 보다.

물 위에 뜬 판화版畵
―수달에게

김 정 희

강물에 떠내려온 목판 같은 모래성에는
물무늬 테를 둘려놓고 한 무덕 핀 개나리꽃
음각한 물갈퀴 자국
판화 한 폭 새겼다

진양호 상류에서 살고 있던 수달이가
달빛에 이끌리어 시름 없이 노닐던 곳
천사가 다녀간 흔적은
티 없는 무위자연無爲自然

어느 날 강물 넘쳐 모래성 허물지라도
오고 간 발자국은 흐드러진 꽃밭인데
사람이 스친 발자국은
꽃 한 포기 못 피운다.

단단히 침묵할 일 외 1편

김 종 기

　가난이 젊은 내 곁에서
　무시로 함께하고 있었다.

　달동네는 빈부 차가 없고 흙벽돌집 쪽방이 허다했다. 몹시 가파른 산비알에는 상하수도도 제대로 된 샘도 없었다. 골짜기의 옹달샘 물을 길어 밥 짓고 세수하고 빨래하는 천수답 같은 하루품팔이 신세들. 가난의 색깔은 샛노랬다. 끼니 거른 빈혈 때문이었고, 벼랑을 기다시피 오르내리던 곤고困苦가 턱밑에서 뇌리까지 치오르는 역류 현상. 삶이란 끝내 검게 타들어가는 얼굴들, 그 모진 견딤의 타향살이 아아 서울살이.

　가난은 조금 조금씩 옷감을 솗아 먹는 좀 같았지만 나의 젊은 내인耐忍은 뚝심이 좋았다. 비로소 달동네 탈출기는 고등학교 국어 시간 강사로부터다. 그 세월을 추적해 탈색시킨 추억은 이제금 달달하다 그리하여,

　내 젊은 날, 서럽게 힘들었던 아픔은
　누구에게도 단단히 침묵할 다짐이었다.

시간과 길

시간은 시간의 길이 있다
사람은 사람의 길이 있다

그 사람에게 주어진 시간은
그만의 자주 자유적 소유다

남과 같은 매일과 주기_{週期}는
반복적인 시간 생활이었으나
고유한 자기 시간의 길일 뿐
결국 하루하루 동행한 마무리

어쩌면 시간의 길
길 위의 내 모든 시간
앞서고 뒤따르다 끝판은 죽음이리라.

포인세티아 외 1편

김 주 옥

초록 정원 속에 너의 붉음은
내 타는 심장 같아라
아무리 지워도 생각나는
황홀한 날의 그대 눈빛 같아라

입가에 웃음 평생을 지켜준다던
너의 맹세 같아라
흰 눈이 내려야 오는
주의 발걸음 같아라

한 개의 화분 안에 담긴
너의 충만함은
식은 찻잔도 데워 내리라
찬바람 속에서도 열기 퍼지는
그대 따스한 입김 같아라.

분꽃 피는 오후

하루 반나절이 지나야 찾아오는
따스한 평온 같은 꽃

들썩법썩 분주한 오전을
먼지 같이 가라앉히고
화단에 조용히 서 있네

해는 점점 고개를 서쪽으로 돌리고
황혼도 아니고
일출도 아닌 시각
편안한 사랑 닮은 너 오네

보고 싶은 엄마
마음에 그리움 충동질하는
애잔한 내 유년으로 회귀하는
연어와 같은 식물이다.

J에게 외 1편

김 지 영

꼭 한 번 와
귓가에 맴돌던 파도 소리
비행기 트랙을 오르는 동안도
손을 움켜쥔 채였다
귤밭에서 일하시는 이모는
바람이 불어도 흔들리지 않았다고

여러 사람 속에서도
특정 지을 수 있었던 너
우리는 서로에게 안심해
바다의 물결이 와서
바윗돌에 경전을 새겨
기도문을 외우고
바다의 물결에 머리를 감았지

소금 같은 사람들
바람의 기척을 따라
마음을 지키며 걸어가
발에 묻은 온갖 먼지를
파도가 밀려와 씻어 주던 바닷가

J야 나는 나대로 걸어가고 있다
너도 너처럼 걸어가고 있지?
가끔 우리의 날들에 경의를 표하고 싶다.

사과, 근원의 열매

향기 흘리는 사과밭에서
너의 부스러진 엄지발톱의
조각을 주우며 조금 울었다

천장에 번지던 물이 말라가고
쥐새끼들이
우리의 잠을 갉아먹는 사이
송곳니는 얌전해졌다
사과 꽃잎이 흩날리고
동네 빵집 케이크가 동이 났다

화면 가득
갈비뼈가 드러나고
초점 잃은 눈동자
눈곱에 달라붙은 파리 떼
지은 죄가 불편해, 자꾸 불편해
맘이 낭비되는 시절은 늘 있었다

사과가 떨어진다, 사과가 떨어진다
떨어진 사과의 수를 셀 수가 없다
눈을 감아도 보이는 사과
생각지 않아도 세포에 새겨진 사과
사과를 생각하다 하루를 다 썼다.

시원의 아침 소래산 외 1편

김｜진｜태

시원始原의 이른 아침 안개 낀 소래산蘇來山
언덕길을 더듬어 올라
약수터 시공에
잠시 잠깐 벤치에 머물러
시급히 달려온 한 세월에
가쁜 숨 크게 내쉬며
푸르른 녹지를 바라보자니
밤나무 굴참나무 타고 오르내리며
더듬는 다람쥐 한 쌍
모진 목숨 살아가려
겨우살이 준비에 바쁜 몸짓은
어쩔 수 없이 삶을 살아가야겠기에
살아온 삶에 누적된 맘 비우고
흰 맘으로 채워 오르내리라는
시원의 아침 소래산
청수 한 잔에 속 차려
다시 또 세월 따라 흘러가라고
소래산은 고갯짓한다.

청산靑山에 살고 싶다

아무도 나를
찾아오지 않아도 좋다

거짓말쟁이 사기꾼
접근하지 않아서 좋다

새소리
물소리
바람 소리 들리는 청산이 좋아라

자연의 음률로 조용히 다듬어진
계곡 청수에 좋이 씻겨서

암울했던 내 영혼이
가볍게 날개 펼치고
창공을 휘어 날으며
내 마음 가득 채우며 살고 싶다

저 높고 파란 하늘 바라보면서
그렇게!

농부 외 1편

김진하

1.
새벽 동이 트면
장화 신발 끼어 신고
들밭으로 출행한다
밤사이 얼마나 자랐는가
병이 난 데는 없는가
둘러보고 한숨 한번 내어쉰다
아침밥 한 수저에
여인네 얼굴 마주 보며
오늘 일상 주고 받고
여인도 남정도
허름한 작업복 걸쳐 입고
들판으로 나가는 일이
어제도 오늘도 그렇다
칠, 팔월 따가운 햇살에
땀방울은 얼굴을 씻어 내리고
등에 젖은 땀물이 등골을 타고
내려가네
그 느낌이 물에 적신 느낌이라
좋을 리 없더라.

2.
서산에 해 넘어가니
굽은 허리 펴느라 고통이오

아픈 무릎 펴는 것도 고통이오
집으로 돌아오는 발걸음이
전쟁터 낙오자 격이라
땀 향기만 뒤를 따라오네.

흰쌀밥

지나간 시절에
흰쌀밥
한 그릇 애원하며
마음 쓰려 눈물 흘렸더라
생일날
받은 밥상 밥 그릇에
유난히도 흰 쌀알 많이 보여
식구 보기 민망하여
밥 한 술이
목에 걸린 듯
마음에
눈물을 삼켰더라.

마음속 아직 외 1편

김 태 자

그대 그만 잊으리라
낙엽같이 시들며

축 처져 보낸 세월
새살 돋나 싶은데

전해 온 안부 한마디
눈물로 무너졌네.

병원에서

결과를 기다리며
초조한 좌불안석

괜찮다는 한마디에
절로 큰절 올리고

혼자 와 눈물 난다는
수술 환자를 만났네.

남이섬 낙엽 외 1편

김 효 겸

짙은 안개 속
시야가 보이지 않고

뱃고동 소리쳐도
갈매기는 보이지 않고
남이 장군 비석만 외로이 앉아 있네

햇볕이 들며
강물이 모락모락 피어나고

남이섬 낙엽
사랑길 되어 주고

행복 추억
카메라에 담고 나면
붉게 물든 남이섬 단풍
영원하리.

겨울나무

국화꽃 지고
입동이 오고
된서리 내리며
겨울잠에 들어간다

낙엽 지고
까치밥만
감나무 꼭대기에
대롱대롱

앙상한 겨울나무
그러나 외롭지 않다
희망이 있기에

매서운 겨울 지나면
희망찬 봄소식 오기에

겨울나무는
외롭지 않다.

다시 찾은 바다 외 1편

남 | 지 | 연

바닷가에 산다고
바다만 보고 사는 건 아니라는 바다에
날이 다시 흐렸다

흐린 날을 받아들인 태양이
망망대해에 내던져진 채
거룩한 안식일을 열어 가기 시작했다

물결에 물결이 밀려와 안겨도
나만의 것이 아닌 바다
송두리째 기억에 남아 있는 바다가
바다에 빠져 버린 바다

숨죽인 어둠이 서서히 밀리는 바닷가에서
서툴지만 눈을 감지 않고도 기도할 수 있었다

보다 충만하게
더 이상 비울 것도 없는 저 순전한 하늘은 몰라도
정말 오래된 새로운 바다
다시 찾은 아야진의 새벽을
분에 넘치도록 부어 주소서.

폐가

그 어디서 눈보라가 치거나 말거나
호젓하게 연기 피워 올리며
세월에 맞서 살아남은 나를
그리 쉽게 폐가라 부를 수 있나

더 이상 망가질 일도 없는 허무 속에
너무 오래되었다는 것 말고는
속내를 알 수 없는 어둠이 환기시키는 건
어쩌면 시간뿐

불안에 대한 이해 없이도
다분히 무를 바탕으로 하고 있는 내가
사람이든 아니든

진정
나를 위해서라면 손보지 말 것

동면에 들어가
더는 아무것도 원치 않는 무심한 채
나름 잘 있으니.

웃음꽃 외 1편

남 현 우

사계절
세상 살아가는 길을 비추며
고운 아름다움으로
살며시 피어나는 꽃

바라보면 아름답고
마음이 즐거우며
천년이 흘러도
시들지 않고 향기가 흐르는 꽃

삶의 일상에서
모두가 그리워하는
꽃 중의 꽃
웃음꽃이라네.

동행은 아름답다

동행은
눈보라를 지나서
봄날에 피어나는
민들레꽃처럼 아름답고

동행의 길에는
고독이 사라지며
나만으로 이룰 수 없는 소망을
이룰 수 있다네

인생의 길에서 동행은
가장 슬기로운 선택이며
그 길에는 사랑이 피어난다

삶의 여정에서
가장 아름다운 동행은
사랑으로 함께 걸어가는
부부이니라.

설야雪夜 외 1편

노 명 서

수런대는 소문마냥
밤새워
설레는 기도
너와 나 가슴에도
설화雪花 곱게도 피었네

눈물도 그렁그렁 꽃잎 따라, 핀
웨딩드레스
하늘이 새하얀 옷 한 벌 지어 입혔네
한없이 다독여 안아 주던 용서
구름 커튼 뒤에 숨어
하얀 눈물로 보내온 순백

당신 향해 혈서 쓰던 정열이여

먼 길 돌아와
당신의 검은 눈동자에 수繡를 놓는다.

산다는 것

눈이 내린다
살아온 아픈 걸음들을 지우면서
쌓이는 기억 위로
평등의 눈이 내린다

반생의 마루턱에 서면
부딪고 깨어지고
질척이던
가슴 한쪽 젖고 있다

무너져 내리는 존재의 집
먼 길 되돌아
내 작은 뜰에 황매로 피고 있다

그리움의 눈빛을 닮은.

바닷가에서 외 1편

노 민 환

부서진 파도보다
더 아프게 떠난 슬픔이
갈매기 소리처럼 하늘에 매달려서 운다

바다에는
애타게 목마른 사랑 하나
멀어진 우리 추억에 서러움을 토해내고

또 저만치
미움으로 쓰러진 파도가
사랑에 허기진 가슴 가운데로 숨어들면

그대 꽃 같은
지난날의 눈물 다 버리고 서서
밀려온 파도 소리에 다시 그리움 만든다.

우화羽化

달빛 내리는 밤
두껍고 투박한 껍질을 벗는다
성장의 변화를 위해 탈출을 시도하는
갑각류의 습성을 나도 가지고 있음이 분명한 듯
휘영청 뜬 달
구름과 별 속에서
숨바꼭질 시도할 때
지금껏 한번도 느껴 보지 못한
완전히 벗어던진 홀가분한 기분으로
가슴이 넘실거리고 자꾸 허전하기만 한
그러면서 고독하고
외로움 같으면서 슬퍼질 때
나는 삶의 무거운 껍질 하나 또 버려두고 간다.

쑥부쟁이 꽃무리 진 외 1편

도 | 경 | 회

　가끔 목이 멜 때는 쑥부쟁이 꽃무리 진 고향 들녘 둑방길로 떠나가네 벽오동 그 큰 잎으로 빗방울 움켜쥐었다가 바람에 흔들릴 때마다 한 움큼씩 털어버리며 하염없이 멀어져 가는 묵은 기억 속으로 나를 끌어들이곤 했네 때 이르게 압박해 온 삶의 고뇌 앞에서 가늘고 이쁜 미소 들꽃처럼 보여 주던 네 가슴에 무슨 꽃이 피었다 지는지 어떤 바람이 들어왔다 나가는지 헤아리지도 못했네 뒤로 묶었던 머리채 풀어져 부드럽게 흘러내리던 목선이 가냘퍼만 보였네 세월이 독이 되어 부질없는 마음의 훼손만 부를 듯싶어 가슴속 깊이 접어둔 꽃잎 그러나 너는 언제나 비를 맞든 눈을 맞든 살아오는 쑥부쟁이 사랑만이 당신을 앞으로 나아가게 한다고 내 시린 등 다독이며 끌어주던 그 길 더듬더듬 되짚어갔다가 이슬에 젖어 돌아오곤 했네.

나비

까치새 앉아 우는
오래된 토담 아래
봉숭아꽃 붉게 피었다
두근두근 첫 소식
전하고 싶어
땅버들 키버들 낭창낭창 늘어진 황새여울
징검돌 건너
나풀나풀 날아가던
맨발의 나비
볼우물 유순한 멧노랑나비

그 아이 지금 어디에 있을까.

산 외 1편

류 광 열

세월을
품에 안고
여유를 벗 삼으며

세상의
고해성사
아는 듯 모르는 듯

오늘도
무거운 삶을
이어 가는 의젓함.

아침

요란한
박새들이
이른 잠 걷어 가면

골목길
전등 불빛
스스로 잦아들고

상큼한
이슬방울에
부끄러운 어두움.

봄을 앞두고 외 1편

류 순 자

몇 알의 기억 때문인가
힘을 다해 솟구치며
지금 겨우내 차분하던 거리가 초췌하다
팔만사천의 번뇌를 돌아
겨울옷을 벗는 환희를 알게 되리라
바람의 채찍 속 내가 앉은 자리를 생각해 본다
어둠을 돌고 돌아 목숨은 빛났다
빈 하늘도 내려와 가슴 가득한 연서를 쓰다가
아직 남은 분노에 우두커니 서 있다
믿음에의 그 푸른 일렁임
각인된 아직도 풀지 못하는
부호인 것을 보니
며칠째 부름 지칠 줄 모르고 파랗게 돋는
힘줄마다 푸른 잎으로 빛난다
길 속을 빠져나와 상처 욱신대는
아직도 들여놓지 못한 내 발
오늘 한 발자국만 내딛으면
그 끝에서 희망은 시작되리라.

그림자

봄의 그림자 저리 서 있다
아파서 달려갈 순 없지만
이 길 걸으며 걷는 동안
상처마저 그리움이 된다
너를 향한 그리움을 접으면
꿈만 키워내는 새로 난 길이
발목을 잡는다
흐르는 이야기를 버리고 또 버리며
고르지 않은 세상을 걷다 보면
꿈 하나를 놓치고도 흔들린다
분명한 기억의 고개를 내밀다가
숨죽이다가 어떤 의미의 줄기가 웃자랄까
단조로 돋는 풍랑은 또 무엇의 시작인가
너의 남은 기척에 나는 떠나지 못하는데
깊게 자리한 아쉬움 한 조각이
꽃비로 내린다
꿈을 안고 잠에 취한다.

이것이 인생 아닐까 외 1편

류|영|환|

끝없이 걷는다
나와 대화 나누면서
투덜투덜 반성도 하고
뉘우쳐 보기도 하고
무엇이 중요한지도
깊이 생각해 보면서
남의 잘못보다는
나의 잘못이 크겠지
하는 마음으로 위안으로 삼으며
아집과 반목을 버리고
용서하고 사랑으로 웃으면서
아름다운 마음으로
각자 이야기하며
가족과 같이
잘 살아가는 것이
정말로
행복한 인생이 아닐까?

산산조각

가족이
산산조각이 나서야

물은 절대로
거슬러 올라가지를
않는 법

하물며 사람이
욕심을 벗어나 탐욕을

괴롭히며
혀만 낼름대는 괴물로

누군가의 마음을
아프게 해서야 되겠는가.

문門 외 1편

류중석

막을 게 있어 벽을 만듭니다
벽 때문에 다시 문을 만듭니다

드나드는 게 모두 벽 사이에 있어
사랑에도 벽이 있나 봅니다

그대에게 가려면
사랑이란 길이 있지만
마음이란 벽에 문 만들어야 갑니다

저녁노을처럼 타고 난 후
어둠의 검은 문으로 들어가는 하루
그 사이에 빛과 어둠의 사이가 있듯이
그대와 나 사이에
사랑과 미움의 사이가 있어
벽이 되다가 문이 됩니다

벽에 문을 만드는 게 사랑입니다
그대와 나 사이가 드나드는 문입니다

나는

나는 바람을 들여 허파를 돌렸으니 바람이오
나는 무논에 자란 풀씨를 먹고 사니 잡초요
산을 보고 산처럼 살고 싶으니 바위 같고
철마다 옷을 갈아입으니 철마다 피는 꽃 같고
물을 마시고 몸을 부풀려야 겨우 서 있으니 물 풍선 같고
말을 지껄이니 지저귀는 새 같고
물고기나 들짐승을 먹고 사니 하이에나 같고
생각이랍시고 허공만 헛짚으니 공상가요
살아야 한다고 남 옆에 서려 하니 속 보이고
탐욕 하나도 쥘 힘이 없으니 빈손이라
생의 바닥에 발바닥 붙이고 서 있는 게 대단하지
나는 생긴 대로 한구석에 사는
나무와 돌과 바람과 같은 동네 생명이네
여러해살이 생명이네
그래도 확실하게 마지막을 아는 생명이네.

추석 외 1편

류 창 렬

송편 빚는 누나 손이 오늘따라 더 예뻐요
손톱엔 봉숭아 물 반달만큼 남았고
송편을 찌는 시루에선 솔 향기가 퍼집니다.

까치

까치가 열매 물고 급하게 날아가네
뉘에게 먹이려나 사뭇 궁금해
따라가 보고 싶지만 내겐 날개가 없네.

다시 세상의 희망으로 외 1편
―신 16:10, 막 1:15(제107회 총회에 즈음하여)

마 정 선

길과 진리의 생명
복음으로 교회와 세상을
한 영혼을 얻기 위해
죽음에서 부활 승리하는
다시 세상의 힘으로
거룩한 생명을 주셨네

복음으로 주신 사랑
십자가의 붉은 피
이른 비와 늦은 비의 은혜로
흘려보내는 교회
다시 세상의 희망으로
지역 사회의 소망을 주시네

우리의 현재
이제는 때가 찼고
하나님 나라가 우리 곁에서
공의와 정의를 구하는
시대적 사명 감당하라 하신다

원망과 불만과 절망
교만의 위선에서 벗어나는
시온성과 같은 교회
회개와 용서의 신앙으로

생명의 빛이 되게 하소서

뉴미디어 시대에
한국 교회의 가는 길
거룩한 공동체로
물려주신 신앙으로
다음 세대를 준비하는
택함 받은 대한민국 되게 하소서

우리에게 주시는
예수 그리스도의 생명
갈등과 분열 벗어나
1907년 주역으로
휴전선 155마을에
세계 선교의 지성소가 되게 하소서

코로나19 팬데믹에서 벗어나
교회를 새롭게
다시 세상의 희망으로
영원한 생명의 빛으로
하나님의 영광이 가득하게 하소서
아멘.

쌓인 낙엽

너릿재
작은 언덕길
쌓인 낙엽
한 많은 사연을 안고 있네

여기에
숲속 어디선가
속삭이는 사연들
쌓인 낙엽 속에 적힌다

너릿재
공기 청렴한
작은 산기슭 속에
팔순의 나실인 부부
감격이 넘치는 현장이어라

쌓인 낙엽
작은 개미들
꽃 이불 덮고
긴 겨울잠에 봄을 기다린다.

끝 달 옷 입고서 외 1편

문 정 숙

물밀듯 밀려오는
시간의 흐름 속
강물 같은 추억을 남기고

붉게 솟아나는 태양처럼
희망 안겨다 줄 불꽃 기대하며
서산 일몰 황홀함에 이내 마음 설렌다

매서운 겨울 견디기 위해
우리 함께 따뜻한 온정의 옷 걸치고
사랑의 온도가 높아지면

한해가 다 가기 전
제야의 종소리 더욱 우렁찰 때
남아 있는 시간 묵상의 언덕을 넘나들며
후회 없는 묵은 달력 떼어내니

아~ 그리운 날들
새날을 맞이할 수 있도록
밝은 희망 불끈 솟아 오소서.

찻잔 속의 모과 향

찻잔 속 님 얼굴처럼
모락모락 피어오르는 다향
따스한 모과차 한 잔으로
마음을 정화하는
주어진 하루의 삶 시작된다

진한 향 내음 음미하며
추억들 시나브로 펼치니
그윽한 마음속
어느새 쓸쓸함도 채워지고

빈 잔으로 남겨진
그 자리에 미소 짓는
고운 님 만월로 떠오르는 듯
모과 향에 취한 상큼한 오늘

정갈한 찻잔에 긴 여운 남아
우리들의 아름다운 이야기꽃으로
오늘 하루가 마음의 창을 여는
짙은 모과 향으로 꿈을 키운다.

감자꽃 침묵 외 1편

민 수 호

수줍게 고개를 내밀고
살며시 내민 얼굴

온몸을 불사르면 열매를 맺어야지
팔자타령 신세타령 하소연한다

말하고 싶어도 침묵으로 말하고

참수형을 당한 눈물이
실오라기 같은 혈관으로
생명을 부지한 채

땅속에서 알을 낳는다

알의 근육은 튼튼하게 자라고
굵어진 몸통은 침묵으로 자라
잃어버린 꽃을 돌려준다.

입을 맞추다

천둥 치니 비가 온다
입술은 침샘 폭포수에 헹군다

솟아나는 느낌은
30센티 가슴속의 소용돌이이고
펄펄 끓는 심장이다

쿵쿵 뛰는 가슴은
키 큰 배구 선수의
강 스파이크 같이 후끈하다

번개같이 돌고 돈 군침들은
이빨 속으로 줄서서 녹아든다.

꽃잎 꽃술에 외 1편

박│건│웅│

소·대한 지나 입춘인데 산에는 아직
듬성듬성 잔설이 쌓이고 삭풍은
잠자는 풀들의 뺨을 할퀴고
앙상한 나뭇가지를 울려도
겁먹지 않고 언 땅 위에
의연히 발 딛고 서서
고운 꽃을 피우고 맑고 그윽한 향기로
뭇 꽃들에 앞서
봄소식을 전한다

봄의 문턱에서 추위를 이기고 핀
흰 눈 같은 꽃송이에
불의에 굴하지 않는 옛 선비들
청순한 옛 여인들의 양자가
곡두처럼 아롱진다

밀물처럼 가슴에 와 닿는
선인들의 그윽한 자취
그분들 음성이 환청으로 들리고
그 모습들이 환상으로
눈 앞에 어린다

창연한 고전미를 지니고
예리하면서 은근하고 부드러운

선인들의 기개와 얼이 숨결이
시공을 날아와
눈송이마냥 피는 꽃잎 꽃술에
무지개처럼 비친다.

봄맞이 꽃달임을

봄의 문턱이라는 입춘부터 우수 경칩 춘분
지나는 사이 흐린 날 많고
이따금 흰 눈도 펄펄 내리고
삭풍 또한 거세게 몰아쳤는데
청명절 맞으니 산과 들
그리고 거리가 더없이 맑고 깨끗하여라

산봉우리엔 하늘하늘 은실 아지랑이
잔설 잦아드는 산과 도심 공원엔 메마른
나뭇가지마다 파란 물이 오르고
진정 봄은 청명절부턴가 보다

한 계절 가면 또 한 계절
햇살과 미풍은 어김없이 자연의 순리를 일깨운다

산과 주택가 공원엔 벌써
산수유 노오란 꽃 숭어리 지어
바람에 향기 실어 보내고
예쁜 싹들이 얼굴을 든다

생동감 넘치는 절기
옛 선인들처럼 청명주라도 담가
봄맞이 꽃달임하며
시도 읊고 노래도 부르고 싶어라.

겨울나무 외 1편

박｜관｜호

새벽 어두움을 가로질러 밝음을 쫓아
남으로
질주하는 헤드라이트가 잦아드는
고속도로 한쪽 끝
스쳐 지나는 그리움이 목마름으로
검게 말라버린 가지 끝 오동잎
잎새에도 사연은 남아 울음 우는 거리
떠났어도 여기 있는
인연의 끈에 얽힌 모진 시련의 나무야
기어이 가려느냐
비 내리는 강변에 서서
감격으로 맞는 반가운 재회
입은 옷 다 벗어 잎새를 떨구고
찢겨 날리는 편지 쪽처럼
나는 또
다시 돌아와 그 자리에 설
세월의 다리를 건넌다.

밤의 창가에 서서

울적한 마음
창문을 여니
가슴을 스쳐 지나는 안개 빛
그리움,
어디론가 훌쩍 떠나고픈 밤
무엇으로도 위안될 수 없는
시련의 시간에
십자가 붉은 네온만
하늘에 선명한 거리
멀리 시가지
자욱한 안개 속에 가로등 조으는
깊어지는 적막한 겨울밤
남으로 뻗은 고속도로
시간의 사선을 넘어
간간이 내달리는 헤드라이트
밤은 깊어 가는데
잎새 다 떨구고 가슴마저 비워 준
은행나무 섬광의 가지 끝에
별 하나 비추인다.

'안녕' 아끼지 말자 외 1편

박|달|재|

어제 해질녘 한잔했던 친구
'내일 만나세' 헤어졌는데
이른 아침 달려온 비보
새벽에 '돌아가셨다' 고

가고 오는 것 마음대로라지만
기약 없는 기다림은 어찌하라고
훌쩍 가버린 무정한 사람

하룻밤 일 모르는 인생사
인사 잘하여 손해 볼 일은 없어
헤어질 때: 안녕 '잘 주무세요'
만날 때: 안녕 '잘 주무셨어요'
'안녕' '안녕' '안녕'
정다운 '안녕' 아끼지 말자.

팔순 여정
—팔순날에

계미癸未년* 영아역에서
세월호에 편승한 인생 여행길
너무 빨리 와버린 팔순역

긴 여행길 가는 곳마다
무얼 했냐고 묻지 마라
출발 때처럼 지금도
맨주먹에 허허한 가슴뿐

종점이 코앞 허무한 여정
잠시 쉬어 가면 어떠리
스톱 스—톱 스—스—톱
못 들었는지 못 멈추는지
더 빨리 달리는 고속 세월호.

※시인이 출생한 해(1943)

말똥구리의 뒷걸음 외 1편

박|대|순|

잃어버린 짐승은 생명이 없습니다. 다만 함께 생명을 나눌 존재를 찾아 밤하늘을 밤새 날아 이곳저곳을 다닙니다. 길을 잃은 존재는 어두움을 피해 무심한 장터를 지나가기도 합니다. 고단한 노동자는 소리가 없습니다. 길고 지친 채찍 자국이 종아리까지 내려와 있습니다. 오래전부터,

푸른 산속 말똥구리가 먼 길을 떠났습니다. 말똥구리가 둥근 말똥을 짧은 뒷다리로 당기지 않아도 산동네의 집들이 이웃들로 난장판입니다. 떡갈나무 숲속에 숨은 한 무리는 뿔이 없습니다. 안방을 지키는 노동자는 생명을 타인의 몸에 맡겼습니다.

깊은 숲속에 졸졸 흐르는 아무도 모르는 물이 깨끗하길래, 더러운 것이 모르라고 도로 감추어 두고, 나무에 걸린 고운 달에게 비밀이야 말하고, 이 물을 나 혼자 마시고 내려오는 길에 말똥구리의 텅 빈 눈 속으로 겨울 숲이 내려옵니다. 노동자 작업복에 샤갈의 눈썹이 그려져 있습니다.

말똥구리는 공중 높이 매달린 독수리 눈빛 때문에 하늘을 볼 수 없습니다. 오늘 하루가 가장 먼 곳의 모퉁이를 돌아오는 동안, 그는 길을 잃어버린 짐승의 이름을 지어 준 적이 없습니다. 다만 하늘 밖, 가장 낮고 깊은 밤이 꽃 피운 자리를 둥글게 가꾸고 있을 뿐입니다. 바탕이 푸른 남자는 항아리에서 자라고 있는 금붕어를 생각했을까요. 쪽잠에서 깬 고양이들이 눈먼 짐승의 허벅지를 핥습니다. 버려진 존재들이 통속에서 희열을 느낄

까요.

 잃어버린 짐승은 버려진 꽁초에 남은 마지막 숨결을 닮아 갑니다. 길을 잃어버린 짐승은 길이 될 수 있을까요. 푸른 바다로 밀려온 물고기자리가 어부와 하역 노동자 사이를 흘러 다닙니다. 여전히 말똥구리의 뒷걸음이 사람 밖에 사람을 부르고 있습니다.

공방의 언어들

　미세한 차이를 다듬는 시간, 아홉 번 볶아낸 찻잎처럼 물오른 여자아이 귓가에 붉은 미소가 번지는 중입니다. 마른 장작의 역할이 기억나지 않아요. 오래도록 노동한 숲 사이에서 길을 잃었습니다.

　붉은 노을을 멈춘 도공의 물고기처럼 바다로 흘러간다는 사람과, 몇 날 동안 자신의 살점을 발라 노동을 이야기하는 사람과, 반려견의 세상을 구하러 간 앵무새와 중간 지점에서 적당한 이야기를 만들래요.

　사소한 말장난이 윷놀이 말판을 뒤집는 동안 징검다리 건너간 당신을 기억하겠습니다. 바다와 이웃이 된 바람이 어부의 눈빛을 만지네요. 달구어진 주전자 속에서 붉은 동백꽃이 알몸을 씻고 있어요. 여름밤 창문이 바다에 수몰되고 아무도 물에 젖지 않는 물고기를 낚지 않아요. 별들을 알기 전의 별빛이 유리창에 박힙니다. 어머니를 처음 알게 된 기분으로, 철 지나 똑똑하단 자세로 하지의 수면을 건너갈까요.

　누군가를 겨냥한 마음…, 북쪽에서 내려오는 바람에 연신 땀을 닦아내고 윗도리를 벗고 이내 모르는 사이가 되어 버리듯, 계급이 낮은 신병들이 기준점에서 팔을 벌리듯, 푸른 숲속 의자에 앉아 이름도 없는 새 한 마리는 연신 헛기침을 합니다.

　강, 어부랑 물이랑에 둥글게 새긴 그리움의 여름밤에는 지나갈 문이 없습니다.

난초꽃 필 때 외 1편

박 래 흥

내 가슴은 날마다 꽃피는 꽃밭이다
명자꽃 백목련꽃 동자꽃 금강초롱
꽃 중에 제일 예쁜 꽃 제석산의 난초꽃

그리움이 넘치면 내 마음은 먼 바다
아침의 문을 열면 꽃들의 고요가 모여
사랑의 눈웃음으로 달려와 방실방실

비탈에 미끌린 기다림의 끝자락에
천사의 미소 닮은 난초꽃 피어나도록
영혼의
물 주는 재미로 이날까지 살아온즉

꽃밭이 붉게 불타니 저녁놀이 한창이군.

무등산 가는 길

찔레꽃 아카시아 피로 물든 오월에
증심교 왼쪽으로 무지개다리 건너서
돌계단 토끼등 길은 부처님의 고행 길

매는 빨리 맞아 좋고
젊어 고생 사서 하듯
처음부터 피땀 흘린 골고다 언덕길
절망의 벽을 넘으면 예수님의 평강 길

화가가 그려 놓은 작설차 밭을 지나
바람재 봄바람에 봉황 타고 오르면
백운대 구름 속에서 팔선녀를 만난 길

너덜겅 바위틈에 민들레 오랑캐꽃
시인의 사랑으로 초롱초롱 눈 맞추며
규봉암 오르는 길은 김삿갓 낭만의 길

땀방울 주렁주렁 토끼등 타는 재미
세월이 쌓일수록 산길은 멀어지니
산길은 희로애락의 처절한 인생의 길.

꽃잎 진 자리 외 1편

박 명 희

베란다 한켠
여름 내내 환하게 웃던
키 작은 나팔꽃
매무새 고치고
떠나려 한다

한자락 슬픔도 이기지 못해
밤 지새는
이켠 불빛을 알아챘는지

고요히 접는 것을
추하지 않게 지는 것을
침묵으로 말하며
떠나려 한다

떠난 그 자리
그리움으로 채울까

부를 수 없는 노래가
까맣게 영글어 가고 있다.

우수

눈 쌓인 숲을 걷는다
웅크렸던 무릎 펴고 한 발짝 떼놓으면
뽀드득 땅과 만나는 소리
발밑 깊은 곳에서 작게 움직이는
조용한 불씨

풀벌레 재우던 눈 속에 흙들이
살포시 일어나 하늘을 마시면
아침 해 붙잡고 기지개 켜는
살아 있는 것들의 탄성
나뭇가지마다 한껏 껴안은
태초의 꿈

섭리의 손길이 조용히 빗장을 열어
생명의 향연이 시작되는….

나무와 꽃 외 1편

박성희

나의 언어를 아십니까
나의 노래를 아십니까
나의 눈물을 아십니까
나를 들어보세요 나의 숨결과
몸짓을 안아 보세요

내 영혼의 꽃밭에 심어 놓은
한 송이 꽃
바라보는 마주함으로
난 행복했고 아파도 기뻤어요

나를 알아주는
그대가 늘 곁에 함께 했으니까요
나를 꺾지 마세요
나를 때리지 마세요
그리 안 해도 많이 아팠고
슬펐으니까요

내 영혼의 꽃밭을
함부로 짓밟지 마세요
내가 아끼고
사랑하는 벗이니까요.

독백

하늘을 바라보면
늘 그 자리에 변하지 않고
날 지켜보고 있지
바람은 마음결을 쓸어 가고
쓸쓸한 창가에 맴돌다 가곤 하지

어두움이 시작되면
그리움은 슬며시
얼굴을 내밀고 다가와
인생의 황혼에
시간 시간 마음을 두드리지

시간의 굴레 속에 함께한 바람
약속의 창가에서
새 노래를 불러 보곤 하지

스쳐 지나간 시간 속에
아련한 그리움과 사랑은
늘 자리해 있었지.

만추 외 1편

박｜숙｜영

가을을 떠돌던 바람은
제자리를 찾지 못하고
휘파람을 불며
골목 곳곳을 휘돌고
붉던 나뭇잎이
미세한 바람의 입김에도
맥없이 떨구어진다

가지의 손끝을 놓친 잎사귀는
빨갛게 또는 노랗게 질린 채
추락하지만
원하든 원치 않든
뒹굶 속에서
다시 태어난다

한 알의 밀알이 뿌려져
열매를 맺듯이 한줌도 안 되는
제 몸을 헌사해
새 생명의 근원인
흙으로의 회귀를 꿈꾸는
낙엽을 보면
나의 남은 생도
경건의 옷으로 갈아입는다.

낯선 기도

오랜만에 잊고 있던 기도 손을 모았다
깍지 끼고 맞잡은 손이 낯설다
언제였던가
간절한 기도일수록 집착이 되거나
희망 고문이 될 수 있다는 의심을 동반한
일종의 깨달음을 얻었다

이루어진 기도는 한여름 아스팔트 위
순식간에 증발하는 여우비처럼
빠르게 흔적을 감추고

이루어지지 못한 기도는
어느 순간 원망을 동반한 채
차곡차곡 적립되어 죄의 몸집을 부풀린다

희망이 절망적인 유혹이 되지 않도록
이젠 더 이상 소망 따윈 품지 않는다
그저 되어져 가는 길이 최선의 길이라고 믿는 것

남루하고 찢긴 일상 속에서도
창문의 빈틈으로 들어오는
실낱같은 한줄기 햇살만으로도
살아갈 이유는 충분하다고 애써 각인시킨다

내 마음 그릇보다 넘치는
말씀을 묵상하고
언제나 그렇듯 한참이나 뒤늦게
'아멘'으로 화답한다.

무제 외 1편

박 신 정

나의 가슴속에는
작은 '옹이' 하나가 살고 있다

으깨어 없애고자 하여도
요지부동

만질수록
점점 크게 벌어지는
사념의 논바닥

사력을 다해 메꾸어 보려
물을 부어 보지만
메워지지 않는 고뇌의 연못

한평생
짐승처럼 산 다니다
사라지는 석양 들판의 바람
바람을 알았을까.

그녀의 인생

사시사철
몇 번이나 맑은 날이 있었을까

흐렸다
개었다

개었다
흐렸다

구름이 잔뜩 꼬이는 날에도
벚꽃이 눈송이처럼 흩날리는 날에도

애꿎은
장독 뚜껑만
열었다
닫았다

닫았다
열었다

그러다가 놓쳐 버린 한평생.

나의 삶 충실하게 외 1편

박 연 희

보잘 것 없는 약한 마음이지만
매 순간 충실한 사람으로
겸허한 자세로 고개 숙일 수 있도록
스스로 돌아볼 수 있는 힘을 길러
성숙하고 지혜로운 사람이게 노력하자
타인의 상처 넓이를 다독이고
감사의 마음 잊지 않도록
겸손한 행동 늘 몸에 배도록
자신을 다스릴 수 있는 용기를 기르자
나의 삶 나의 인생
너그러운 마음 향기로운 사람으로
훈훈한 삶을 살도록
부지런한 사람이 되어 보자.

가을은

가을은 마음 먼저
지배하려 다가옵니다
싱그런 푸른 숲을
채색하려 준비하고
분별에 어수룩한 마음을
털어내라 여유를 줍니다
가을은
이유 없이 오지 않네요
이미 짜진 순서에
한 치의 오차 없이
조금씩 다가오는 계절

나는, 어디쯤 서 있어야 할지
벌써 조바심만 앞장서니
내 마음 이미 가을에 채색되었나?

기도 외 1편

박 | 영 | 순

그대 말씀 덮고 자게 하소서
홀로 가는 달빛까지
그대 따뜻한 사랑에
깊게 잠들게 하소서

괴로운 상처, 슬픔의 눈물
당신 사랑의 힘 안에
모아 엮은 등불 속에
눈 감고 편히 잠들게 하소서

그대의 더운 입김에 잠들게 하시고
겨울 꽃으로
새벽은 바람으로
그대 빛깔로 피어나게 하소서

당신의 하얀 꿈이
사랑인 줄 깨닫게 하소서

어둠도 멀리 있는 사랑인 줄 깨닫게
그대의 깊이를 알게 하소서

모두 그대 말씀 덮고 자게 하소서.

가을 다락논 식구들

은어 떼예요.
황금빛 바다로 뛰어든
가족들이 많지요

개구리, 잠자리 요충, 소금쟁이, 논고동, 메뚜기
모두 가족들이지요
우린 농약이 없어요

쌀뜨물도 된장국이 되지요

노오란 말씀으로 뜨거운 땅
구슬도 주렁주렁 열렸어요

흙으로 밀려나온 물들의 근육
순백 믿음 사이좋게
어깨동무하며 비비고 있어요

겉모양 쪽은 껍질만
나는 바보 나는 바보
뻣뻣이 선 채로 웃고 있어요
눈물 흘리고 있어요

나는 다락논 할아범이에요
주렁주렁 달린 황금알
이게 바보의 보물이에요.

환상 바라봅니다 외 1편

박 영 춘

하얗게 숨 쉬며 아지랑이가
논틀밭틀 가로질러 내 건너 쉬엄쉬엄 옵니다
나와 열일곱 살 차이
석양에 쌀자루 둘러멘 아버지 그림자
경중경중 걸음걸이 바라봅니다
앞집 옆집 뒷집 엿보는 아지랑이
뒷짐 진 팔자걸음 흰옷 자락 바라봅니다

등받이에 바짝 달라붙어 숨 쉬는 땀방울
작대기 붙잡은 아버지 손때
아버지 지게 간당간당 움직임 보입니다
뒷밭으로 가는 두엄 냄새 하얀 김
고달픈 삶의 향기 모락모락 보입니다
밭고랑에 똬리 튼 무명 수건 어머니 귀밑머리
어머니 손때 움켜쥔 호밋자루 흔들거림
하얀 감자꽃 노란나비 입맞춤 바라봅니다
통무우 갉아먹는 코흘리개 칭얼거림 보입니다

할아버지 사랑 어머니 사랑 아버지 사랑 내 사랑
꼬리치며 귓바퀴 펄럭이는 엉덩이춤
좋아 마냥 날뛰는 삽사리 재롱 바라봅니다
평화스러운 행복스러운 고요스러운
아지랑이 속 고향 산천, 환상 바라봅니다.

오두막집을 아시나요

볏짚용 마루 지붕엔 둥그런 박이 누워 있고
삐뚜름한 문짝 하나 펄럭거리는 부엌 거적문
게딱지 같은 오두막을 아시나요?

토방에 앉아 어머니는 나물을 다듬고
마당엔 닭들이 모이 찾아 발길질하고
뒤란엔 대나무 숲이 높이 솟아
바람과 추위와 눈보라를 막아 주는 집
토방 마루에 걸터앉아 식구들은
보리감자밥 고추장에 비벼 점심을 먹고
바람막이도 허술한 외양간에는 송아지가
볏짚을 잘근잘근 삶을 되새김질하는
굴뚝 모퉁이엔 홍시가 말랑말랑
노을빛과 소꿉놀이하는 집
겨울날 한낮엔 방구석 아랫목보다
바깥 양지쪽 흙벽이 더 따뜻한 집

들랑거리며 폴랑거리며
어린 시절 잔뼈가 굵어 가고
꿈이 싹터 잎이 피어나던 곳
병아리가 어미 닭으로 커가던 곳
조무래기들 눈물 콧물 꽃 피어나던
그런 눈물 어린 오두막집을 아시나요?

상사화 · 9 외 1편

박 일 소

이루지 못할 사랑에 빠져
춥고 가슴 아린
그대 향한 마음
욕심은 지옥이 되고

상사화
못 맺을 하룻밤 허망한 꿈
낯선 향기로 바람결에 실려 오는
이루지 못할 지난날 사랑.

한 잎 낙엽

가을비가 추적추적 뿌리고
젖은 잎이 행인의 발길에
밟히고 찢기면서도 아프다는 소리가 없다
나뭇잎은 깊은 슬픔에 젖으면
아픈 줄 모른다
그저 소리 없이 울음 운다
그리움 그 자리에
흐느끼듯 내려앉는 비 젖은 낙엽
마지막 가는 길
어떤 생을 살다 가는 걸까
떨어져 땅에 묻히면
같은 가지에서 떨어졌다는 걸
서로 알기는 할까
겨울로 가는 길목 창가에 붙어 서서
내리는 비에 젖어 나풀거리는
한 잎 낙엽을 바라보며
깊은 상념에 젖어 있다.

낙엽비 외 1편

박 정 자

아직 어둑어둑한 새벽길
산기슭 숲속에 들자
느닷없이 내리는 비를 맞는다

머리 위로
어깨 위로
툭툭 떨어져 내리는
이슬 젖은 낙엽비!

그 푸르던 시절 뒤로하고
우수수 떨어진다

아무 일도 아니라는 듯
아무렇지도 않다는 듯
훌훌 자유롭다

그래, 그래 다
때가 되면
그렇게, 그렇게
그렇게 가면 되는 거야.

가을 끝자락에서 만난 산국꽃

나뭇잎 하나 둘 떨어지고
풀포기 하루가 다르게 주저앉고 있는
새벽 산기슭에서 만난
올해의 마지막 주자
샛노란 산국꽃!

눈 내리고 찬바람 부는
겨울 강 건너
내년 봄꽃 필 때까지
이 향기
이 빛깔
이대로 남아 있어 줄
마음속의 꽃!

다가오는
새벽 서리 예보가
발끝에 걸리는구나!

내 산야 외 1편

박 | 진 | 남

삶이란 여유롭게
호흡하는 것입니다
바윗돌에 날아든
생명의 풀씨마저
심신을 밝히고 사는
그 이유가 있습니다

저 강물 아니 보고
어찌 살 수 있을까요
뒤틀린 산과 들을
달래어 품에 안고
큰 기쁨 나누는 세상
가꾸어 보고 싶습니다

헐벗은 빈 자리에
마음꽃 피워 가며
맑은 숨 들이내쉬는
진실한 나의 강토
한 모습 예쁨 그대로
되살려내고 싶습니다.

보리암

되물어 찾아온 곳
와서 보니 외딴 산사

문득 놀란 저 풍광이
내가 바라던 법계일세

절벽 위 관세음보살
미소 띠며 감로수 뿌리네

내 자성 이대로가
진여이요 불성임을

여태껏 잊고 살았네
청정법신 외면을 하고

먼 바다 끌어안으니
지금 이 자리가 극락일세.

소꿉놀이 친구 외 1편

박 창 근

우리 어린 시절
우물가 소꿉놀이에
너랑 나랑 엄마 아빠 되었고

용진 초등 동산의 파란 숲에
한 마리 고고한 학이 된 소녀
내 맘에 사랑의 둥지를 틀었다

가슴 설레이던 젊은 날
먼지 이는 신작로 등·하굣길
배움의 터에서 희망의 꿈 부풀은
꽃망울 같은 눈빛 사랑도 청순하여라

그 학이 어느 날 교사로 날아가고
소년은 국가의 부름 받아
먼 이국 하늘의 남십자성 별빛으로
고향을 향해 소녀 그리며 빛났어라

못 이룬 그 사랑이 아쉬워도
잊지 못한 수많은 날들 지나니
이제 아름다운 추억이 되었구나!
소꿉놀이 소녀야 행복하여라.

황혼의 하루

시월의 새벽 하늘이 파랗다
비둘기 날아와 구구구 인사하고
까치 노래가 새벽잠 깨워
유등천 냇가 걸으니 꿈이 커진다

먼 산 위 샛별은 빛나고
서쪽 고개 반달 사이로 지나는
영롱한 저 구름은 화가인가?

새처럼 날아 예쁜 꽃 모양 이루니
구름 따라 연초록 꿈을 그려 본다

오늘 동기들과 어울려
옛이야기 나누며
찻잔 기울이다가
석양에 추억이 깃든 메아리로
아름다운 시 한 수 낭송하는 별 되니
황혼의 삶은 알찬 열매로 익어 간다

오늘 밤 단잠에 좋은 별 찾아
흰 구름 되어 꿈속을 날아 보련다.

석양 외 1편

박│행│옥

내 고향은 잠결에도
파도 소리를 들을 수 있는
평화롭고 아름다운 섬마을

해 질 무렵 태양이 황금빛
노을 만들어 바다 너머
산등성 위에 걸터앉을 때

저녁노을에 밝게 물든
엷은 뭉게구름 두어 점
태양 주위에 머물고

황금빛 노을 위로
갈매기 떼 줄지어
산등성을 따라 날고

은빛으로 반짝이는
바다 위로 흰 돛단배 하나
유유히 흘러갈 때는

그림을 그리던 화가는
그 경이로운 아름다움에
붓을 놓고 석양 속으로 사라진다.

길들어진 삶

넓은 들판에
가느다란 끈에 묶여 있는
덩치 큰 순한 황소를 보라

얼마나 인간에게
잘 길들여져
있는가?

우리 또한
속세에 얼마나
잘 길들여져 있는가?

한 뼘도 안 되는
가느다란 끈에
묶여 있으면서
세상을 다 본 양 우기니

측은히 여긴 갈매기가 다가와
세상을 두루 다니며 본 것들을
각가지 방법으로 이야기한들
무슨 소용 있으랴

이미 뼛속까지 길들어진 삶을….

바다는 아프다 외 1편

박|현|조

바다가 실루엣을 그린다
화사한 봄날 눈엣가시처럼 바다가 아프다
바다는 좀처럼 잠들지 못한다
아버지의 편지는 압록강에서 황해로만 흐른다
아버지의 편지 찾으러 압록강으로 가게 된 건
꽤나 오랜 세월이 흐른 뒤였다

압록강 끊어진 다리에서
신의주 향해 아버지의 우체통 찾아 나선다
아버지는 72년간 헤어진 어머니와 두 아들에게
바람의 편지 부친다

임진강에서 불던 바람은
북으로 북으로 압록강에 닿아 손짓한다
아버지의 시린 편지는 울다가 웃다가 바다가 되고
압록강에 띄운 눈물 편지는
황해가 된다

행상 어머니의 눈물 보따리
아버지의 사랑 편지
이제 황해로 찾으러 가야겠다.

사과꽃 바다 어머니

밤하늘의 별들 헤아리며 꽃밭 일궜던 어머니
마당 섶에 심어 놓은 봉숭아 채송화 작약들
어머니가 좋아하는 꽃들, 아버지 기다리는 사랑의 꽃밭
어머니는 행상을 마치고 달 밝은 밤이면
봉숭아꽃 이겨서 손톱에 묶어 주며 그리움을 달랬다
키 작은 채송화꽃에 사랑 쏟고
작약이 터지는 꽃술에 눈물짓던 어머니
아버지는 북으로 어머니는 어린 자식 둘 데리고
남으로 피란살이 행상 됫박 성냥 잡곡으로 바꾸어
머리에 이고 붉은 사과꽃이 피어나는 언덕에서
달빛 한 아름 안고 울음 터뜨리던 어머니

어머니의 화사한 얼굴 닮은 사과꽃
사과가 열리길 기다리던 어머니, 사과는 열렸지만
먹을 수 없는 사과 과수원 옆에 떨어져
벌레 먹은 사과 하나를 어린 자식들 입에
넣어 주겠다고 가지고 오시던 어머니
남북 통일 되면 붉게 익어 가는 사과처럼
아버지가 올 거라고 믿던 어머니, 끝내
사과꽃이 피어나는 언덕으로 고개 떨군 어머니
이 시간 어머니 영전에 사과꽃을 바친다.

명태 외 1편
―북어

박 화 배

동해바다 차디찬 물결 헤치며
떼 지어 다니던 푸른 기억이
아직 너의 몸뚱이에
흔적으로 남아 있어
밤마다 바다로 가는 꿈을 꾼다

대양을 누비던
말라빠진 너의 근육은
여전히 파도 소리에 꿈틀거리고
퇴화된 너의 은빛 추억은
갯내음에도 부르르
침묵으로 굳어진 아가미를
들썩거린다

굳어져 박제된 너의 육신은
언제나 바다로 가는 꿈을 꾸고
현실에 자유를 박제 당한 나도
밤마다 너와 함께
넓은 바다로 가는
탈출의 푸른 꿈을 꾼다.

사랑은

사랑은
절정과 좌절의 혼돈 속에서
탄생된 자유로운 활강이다

날카로운 칼날 위에
서 있는 듯한 순간의 절정으로
하늘로 치솟는 날갯짓

그리고
고요한 활강으로
평온의 선을 따라 날으는
고독한 환희

재가 되어 스러지는
마지막 순간
내 사랑의 강렬한 눈빛

바람에 휩쓸려 간 잔재
그 자리에 남은 건
공허.

산 위에 외 1편

박 | 희 | 익

높은 곳 좋아하는 사람
누구나 마찬가지
꿈. 명예. 고위직. 정치인

높아야 할 자리
해. 달. 별.
우주여행 하는 우주인

풍랑이 심할 때
쾌속정의 앞자리
심한 배 멀미 맛보아야

아무리 좋은 삶이라도
마음 비움보다 못하다
똑똑 떨어지는 비
움막에 장단 맞출 때

빗소리 행복 느끼고
개울로 가는 물소리
아름답게 들리는 밤 노래.

노고지리 노래

보리밭에 노고지리* 있었지
보릿골 뒤져도

팔랑팔랑 춤추는 노고지리
그림자도 보이지 않는다

보리는 푸르게 자라고
자취 감춘 노고지리 멸종

노고지리는 움막 천장에
그림으로 남고

잡힐 듯 말 듯
날갯짓하던 노고지리

머리 위아래 노래하던
노고지리 보기란

옛 꿈으로 그려진다.

※노고지리: 종다리의 옛말

숲속의 초가집 외 1편

방 정 순

새벽을 알리는 홰소리에
여명이 열린다
새들의 고운 목소리
나를 일으킨다
그들의 노래가 내 노래 되어
가슴 깊이 파고드는 그리움 하나
정情으로 남는다

유월의 밤꽃 향기에
찾아온 햇빛
그리움 하나 뜨락에 놓는다

참새 한 마리 찾아와
밤꽃 조고 나면 송글송글
매미의 울음소리에 익어 가는 밤송이

꾀꼬리와 여치의 유월의 하모니에
도라지와 원추리 고개 내밀어
초가집 지붕 위에 새하얀 박꽃 피면
마음이 머무르는 뜨락
산꿩 울어대면 숲속이 그립구나 그때 그 시절.

수련 꽃 사연

가냘프게 물 위에 떠서
한평생을 살아가는데
때론 사랑이 때론 고통이
어찌 없겠습니까

고독이 낙엽처럼 쌓이고
푸른 입술에 하얀 연지
아무리 바른들
임의 향기 그윽한
안방만이야 하겠습니까

고요는 쉴 새 없이 흔들리는
또 다른 적막
이슬은 푸른 잎사귀 위에
순간의 꿈으로 잠들어 있고

못가에 흐드러진 수양버들마다 가득
사연을 적어 물결 위에 띄우는
수련이고 싶습니다.
사랑만 하다 가는 운명이고 싶습니다.

삼각 변주곡變奏曲 외 1편
―헌정 연주회

배 순 옥

몸 없는 자궁이 소리를 낳는다

그 소리 뒤쪽에
어제의, 울음 끈을 잡고

앙다문 채
자신을 꺼내려 힘을 모으는
응축된 단전의 움직임

한치 흔들림 없이 제 몸 지렛대 삼아
천 개의 물결처럼 회절回折한다

더 낮은 비명
칼날 같은 천둥소리

순간, 저항과 굴절로 변주되어 태어나는
저 뜨거운 아이

아무것도 없이 꽉 찬 무대

오늘 나는
아버지 갈비뼈에서 직조된 꽃대궁
세상에 하나뿐인 삼각 변주곡이다.

소리 밑동 다 열고

산모 같은 음들
토해내는 마음이 겹다

소리는 퍼지는 순간
뿌리 잡으려고
허공 속을 견디고

파도처럼 포효하는
이 전율

건반 밑동
하나하나 갈기 세워
열락悅樂 같은 진통을 뱉어 낸다

쉼표도 마침표도 없이
휘몰아치다가 숨죽이다가

다시,
긴
호흡

소리가 소리를 업고
허공의 숲으로 멀어진다

객석에서 누군가 제 속
누런 고름 터트리는지
눈가에 습이 뜨겁고

마음이 죄다 헐어
텅—빈 몸
중심뿐인 소리가 울림으로 그득하다.

가슴앓이 외 1편

배 종 숙

바람이 일렁이듯 간들간들 스친 숨결
끝끝내 참지 못해 토해낸 잿빛 추억
가슴에 얼룩진 상흔 터져 버린 아픔아

심연에 감춰 둔 정 눈물보다 차운 웃음
피멍 든 세월 앞에 쏟아낸 하얀 울음
차오른 그리움 자락 꽃에 스민 눈물아

미련한 생각 한 줌 줍지 못한 어리석음
여울에 씻었건만 쓰라린 정의 허울
그리움 불화산 되어 타오르는 사랑아.

나루터

목선이 줄에 묶여 말없이 흔들린다
죄목도 모르는 채 뱃머리 묶여 있어
부러진 돛대마저도 한 점 뼈로 누웠다.

외로운 사람 외 1편

배 진 수

저 들길 혼자 걷는 이 누구인가

오는 사람보다 가는 사람은
외로운 사람인가

듣는 귓등보다
말이 많은 오후의 사람은
꽤 외로운 사람일까

그 전보다
그 후가 더 그리운 사람은
무척 외로운 사람이다

잊혀진 이름의 사람보다
잊은 사람은
가장 외로운 사람이다

그 산길 풀꽃 흔드는 바람
외로워서 살랑이는가.

군담

이른 가을
태추 단감나무 아래서
옛 생각 하나 줍거들랑
단감 아삭아삭 단수수 씹던 맛은
늙은 언니 농지기
자개농에 살던 하얀 조가비
그 개울 이야기인 줄도 아시오.

길상사의 연인 외 1편

백 덕 순

백석 시인의 연인 자야가 잠든
영혼의 집 처마 밑 꽃무릇 피는 날에
천억으로 시 한 줄 걸어놓고
전설로 돌아온 길상사의 연인

법정 스님의 크신 공덕으로
은밀한 꽃잎 열고 신방 차린 제비나비
백석 시인과 자야의 환생인가
비단 날개가 흐느낀다

신방 엿보기에 눈이 멀어
금지선을 넘어버린 사진작가의 열정
허락도 없이 신방 문 열어 놓고
카메라 돌아가는 소리 뜨거워라

전설로 돌아온
길상사 연인의 영원한 사랑이여
오늘은 제비나비 한 쌍으로 환생하였는가
셔터 소리 멈추고 신방 문을 닫아야 하리

만남과 이별의 끝을 잡고
죽어도 늙지 않는 길상사의 연인
천억을 주고도 못다한 사랑이
길상화 진자리에
그리워서 붉어진 꽃씨 하나 피고 지고.

나는 부자다

서울 한복판에
남산만 한 빌딩 하나 없어도
해, 별, 산들바람 잘 드나드는
봉제산 아래 다정한 내 집이 있어
나는 서울 부자다

태산 같은 큰 아들
나의 코디네이터 작은 아들
폼생 폼사 막내아들이 있어
나는 아들 부자다

내밀한 보물 창고에
반짝반짝 알알이 쌓이는
보석 같은 추억이 있어
나는 추억 부자다

내 마음 끝자락에
마르지 않는 옹달샘처럼
차고 넘치는 좋은 글감이 있어
나는 글감 부자다

꼭꼭 감추고 싶은
비밀 부자도 부자라고 우기면
나는 행복한 비밀 부자다.

부모님께 외 1편

백 호 을

내가 어릴 적 사선을 넘은 것은 나의 숙명이고
부모의 품을 떠날 수 있었던 용기도 숙명이다
내가 국군의 일원으로 죽어야 할 싸움을 극복한 것도 숙명이
었다

전쟁터에서는 한번 붙으면 죽기 아니면 살기다
소총 중대는 그렇다
싸워 이겨야 하지만 그전에 결판이 난다
그래서 운도 따라야 한다

내가 어려서 고향에서 토끼가 되어 굴 속에 웅크리고 있었다
면 살아났을까?
어느 탄광에서 강제 노동으로 콧구멍이 숯구멍이 되게 부려
먹히다가 쓰러지면 그만이었을 것이다

아버지 어머니
저는 불행하면서도 정정하여 젊어서 못한 것들을 찾아 하고
있습니다
어릴 때 아버지께서 시천주조화정영세불망만사지 侍天主造化
定永世不忘萬事知 하고 가르치신 천주님 말씀
어머님이 저녁에 밥먹고 7보는 걸어야 한다는 말씀
새기고 있습니다
모두 부모님의 큰 은덕입니다
이 외아들이 부르다 죽을 부모님이여!

버리려던 선인장

집에 있는 작은 화단
추워지기 전에 화단을 가꾸다 몇 개를 문밖에 내놓았다
며칠 후에 보니 작은 선인장이 그대로 있다
선인장은 아무도 탐내지 않아

온난화 덕에 겨울에도 밖에서 견디게 해보자
그 선인장은 밖에서 20일을 보냈는데 이상이 없다
밤엔 두꺼운 천으로 덮어 준 덕이다

기온차가 나날이 달라지니 은근히 걱정
날이 추워지니 내가 더 안달이다
얼어 죽으면 한동안 섭섭해질 터이니
나는 그 선인장을 집 화단으로 끝내 옮겼다

내 몸도 뜨뜻해진다
물을 주니 나를 보고 미소 짓는다
나도 웃으며 안녕하고 손을 흔든다.

여백에 피우는 꽃 외 1편

변 근 석

얼룩진 하늘에
성긴 정 하나
바람이 분다

세상 굽이굽이
바다 굽이마다
가난한 아낙 마음
흔드는 바람

세월이 팍팍해도
여백에 꽃을 심고
박꽃 하얀 웃음을 웃어요

하루가 버거워도
햇살처럼
꽃빛처럼
웃을 수 있다면
한세상 넉넉할 테니

울적할 때
파르란 동산에 올라
찔레꽃 웃음 웃어요

누구의 마음에도 꽃은 피어요.

불면

새벽 두 시나 세 시
잠은 깨이고
영혼의 방
의식의 공간에
흘러가는 조각구름

스치고 지나간
수많은 기억들

세 시나 네 시
잠은 아니 오고
사유의 공간에
유성처럼 지나가는
별들이 보인다

그것은 내 안의 고뇌일까
그리움일까

아마도 새벽에 찾아오는
초롱꽃 불빛이리라.

시인과 별 외 1편

변│보│연

모두 잠들어 있는 깊은 밤
귀청을 흔들어 대던
요란스러운 차 소리 뒤로
면벽 기도하는 선사가 되는 순간

역사는 밤에 이루어진다고 했던가
백지 위에 빚어내는 한 편의 시
밤하늘에 별들이
총총한 눈으로 읽고 있다.

시여 날개를 달아라

시여 날아라
높이 멀리 날아라
구석구석 하늘 끝자락까지

시여 날아라
기러기 등 위에서도
잠자리 어깨 너머로도
나비춤을 추며 날아라

시여 날아라
시가 무엇이기에
모래알처럼 수많은 날
뜬눈 밤을 새우며 날개를 다느냐

시여 날아라
어두운 밤 등잔불 밑에서도
갈매기 바다 위에서도
깊은 산속 옹달샘에서도
선사의 풍경 소리 아래서도

시여 날개를 달아라 그리고 날아라
높이높이 멀리멀리 날아라.

동지 외 1편

서 | 원 | 생

멀겋게 퍼진 팥죽을 건너
정체된 찬 기단이 비스듬히
새벽 쪽으로 허리를 휘고 있다

여름 내내 가로등에 붙어
증상맞게 괴롭히던 하루살이처럼
창문 틈새를 입질하는 칼 추위에 잠을 깨
목구멍에 잔뜩 낀 가래를 돌돌 말아
재만 남은 화로에 뱉는다

하루 종일 후미진 건물 음지에서
요요한 눈빛 굴리며
시린 밤을 베며 매복하고 있는
검은 고양이 한 마리
지루한 기다림의 침묵을 툭툭 털고
풀어진 밤이슬을 밟고 넘어간다

어둠도, 세상도 지쳐 가고 있는데

하룻밤쯤은 괜찮다는 듯
음침한 뒷산에서 각혈을 쏟아내는 부엉이
달빛도 포기하고 눈을 감고
나도 자장가 귀밑에 걸고
식어 빠진 시간을 끌어와 덮는다.

보름달 띄우기

하루의 해를 지운 어둠이
까만 산 능선을 가까이 끌어와서
몇 시간째 진통을 앓고 있다

열릴 듯 말 듯 애태우다가
벌어진 지평선을 찢으면서
하늘 향해 포효하는 보름달
노란 양수 주머니를
우주로 터트리고 있다

열나흘째, 인고 끝에
우주로 소풍 보낸 지구와 하늘
고대로부터의 차곡차곡 쌓은 전설을
조금씩 뱃속에 삼키고 있다.

동백꽃의 눈 외 1편

서 정 원

우두커니
서쪽 하늘 바라본다

소한 추위
냉기가 바늘로 살갗을 찌르고
칼바람 창문을 두들기고
함박눈 사이 뭇 새들 날아오를 때
앞 베란다에 갇힌 몸이지만
때를 알았을까
부푼 가슴 봉긋 솟은 입술에
립스틱 덧칠하고 있다

밤새 깜빡이는 계양산 보안등 바라보며
굽잇길 헤쳐 온 발자국 소리에
귀를 세운다.

화양연화 花樣年華※

까르페 디엠!
이 땅의 생채기 안고
피눈물 고여 있는 땅 딛고 살아온
팔십 고개 구십 고개
화살 같은 세월
피가 끓는 젊은 날엔 밤을 낮 삼아
몸 불사르고
환갑엔 동네잔치 건너뛰고
칠순엔 '인생칠십고래희' 공자님 말씀 마음속 가두고
팔순엔 구름 타고 건너온 핏줄 손 한번 잡아 떠나가고
망구望九 고개 된 바람 불어오는데
오늘도 산자락 잰걸음에 숨 고르고 목숨줄 이어 가는
장수의 축복
백세시대 좋은 곳 백일홍 꽃밭 향기 찾아
어제는 동으로
오늘은 남으로
내일은 서로
모레는 북으로
제멋 찾는 굽은 등 주름진 얼굴
까르페 디엠!

※화양연화: 인생에서 가장 아름답고 행복한 시절(2000년 왕가위 감독이 연출하고 양조위와 장만옥 주연)

숨어 사는 애인 외 1편

석 | 희 | 구

마음 스산한 여백의 시간
에스프레소 한잔 머금으며
창밖 저만치 바라보노라면
베일 속에 숨어 사는 가녀린 소녀가
눈앞에 서성이며 내 마음 건드린다

가슴 두근거리게 한 그 소녀
지천명의 세월 흘렀어도
여전히 찔레꽃 소녀의 모습
조물주가 심어 준 숭고한 에로스
처음 느껴 보는 이성의 두근거림

소녀와 거닐던 동구 밖 길
은은한 달밤의 찔레꽃 향기
강산이 여러 번 변한 세월 흘러도
내 가슴 돌비에 새겨져
오늘도 떠오르는 찔레꽃 애인

가끔씩 소년의 두근거림으로
그 시절의 소녀를 만나건만
그 소녀도 나 같은 마음 있을까…
떠오르면 모나리자의 미소 머금게 하는
내 가슴속에 숨어 사는 찔레꽃 사랑이여!

소천所天의 단봇짐

연록의 봄꽃 바람 계절엔
하룻강아지로 천방지축이었고
불볕 태양 신록의 계절엔
꿈을 위한 질풍노도로 내달렸지
오방색 가을엔 소담한 오곡백과의 무대에서
가을 세레나데 열창하며 철드는가 했더니
어느덧 화려한 단풍 시절 지나
무서리 내리는 차가운 시절이니…
북풍한설의 월동 준비로 만감이다

살 같은 세월에 파란 많은 세상
잡으려는 푯대는 높새바람으로 달아나고
내 머리엔 원치 않는 무서리 들녘이다

생로병사의 인생을 실감하는
하얀 시절이 살 밖에 찾아들었으니
돌아보고 내다보며 아담의 본정신 찾고
내 살 날의 세월을 계수計數하며
아가페 사랑 앨범의 단봇짐 챙기고
백의환향白衣還鄉 길을 예비하며
오늘의 하얀 계절을 나의 소중한 인연들과
따뜻하게 손잡고 사랑의 세레나데 부르며 가리라.

그날이여 외 1편

성|분|숙|

우리가 다 함께 자초한 휘몰이판
코로나 폭풍 길어도 너무 길다
덕분에 참회와 반성의 시간도 길어진다
우리는 믿는다
들썩거리는 폭풍 끝에 내릴 미풍을

마스크는 오늘도 묵언수행을 한다
마스크 속으로 수많은 말들이 쌓여 간다
낯선 주먹 인사 이제는 그만
두 손 맞잡고 가슴 나눌
그날이여 어서 오라.

비밀 한 송이

깊고 아늑한 내 마음 뜰에
비밀 한 송이 키워 보련다
어느 누구도 볼 수도 눈치챌 수도 없는
그럴수록 더 내밀해지는 나만의 사랑
꼭꼭 숨겨 놓을수록 뿌리 튼실해지는 사랑
시간이 차올라
탐스런 추억으로 열릴 그날까지
부스러지지 않는 비밀 야무지게 다져 보련다
연약한 내가 드러나지 않게
더 꼭꼭 숨기고 더 견디면
한 몸으로 만날 너는 오겠지
온전히 날 사랑해 줄 너는 오겠지.

生薑 외 1편

성│진│명

밭에 땅콩을 심고
토란을 심다가
몇 고랑이 남아서 생강을 심었다

땅콩이 잘 나서 자라고
토란도 늦게 나서 자라는데
문득
생강이 생각나서 보니
전혀 생강 나지 않는다

바쁘게 일하다가
또 생각나서 들여다보니
그래도 생강 나지 않았다

어느 날 생강밭을 들여다보니
생강은 드문드문 나고 풀이 무성하다
생강은 내 생각대로 나지 않고
생강 생각대로 생강 난다.

그 많은 풀씨는

이른 봄, 거름 주고 밭 갈아
두둑을 만들고
곡식도 심고 채소도 심어
먹거리를 기대했는데

새싹들이 돋아나고
모종들이 자라는가 싶더니
육칠월 지리한 장마가 지나고 보니
곡식도 채소도 보이지 않고
땅바닥도 보이지 않게 초나라 병사들이
점령을 해버렸다

이 많은 풀씨는 누가 뿌렸을까?
설마 그분은 아니시겠지,

하느님도 최초의 농부이신데….

점심은 소풍이야 외 1편

성 진 숙

가을볕 머금은 구절초가
꽃밭 한켠에서
무리지어 웃는다
오늘 점심은 소풍이야
꽃 한 송이 접시 위에 띄워 놓고
마음 담아 사랑 담아
창밖 기웃거리는
구름 한점 들여놓고
도란도란
퍼올리는 풋사랑, 행여
조잘대는 참새가 들을까 봐
귓속말로
여보! 사랑해.

나 살아 있다구

꽃 한 송이를 꺾었다
노란 방석을 빙 둘러선 꽃잎들이
하늘하늘 춤을 춘다
그때 먼지 같은 생명체가
재빠르게 움직였다
누구야? 물여볼 겨를도 없이
분명 살아 있음
눈은 어디 코는 어디 입은
그냥 점 같은 것이
먼지처럼 사라졌다
허우대 멀쩡한 내가 놀라
꽃~멍
경이롭다.

어둠에 서서 별을 보다 외 1편

소│진│광│

한몸 추스르기에도 가냘픈
별빛을 서러워하며
시작도 끝도 없는
어둠의 중간에 서다

깊이도 모른 채,
어둠에 밀려 흘러가면서
저 멀리 허구의 밝은 소리에
모든 느낌을 정지시키고
나는 어둠의 신이 되어
또 다른 창조의 적막을 호흡하고 있다

만약,
한 줌 고뇌의 초점을 향해
폭발할 수 있는 불빛의 씨앗을 쥐고 있다면
그곳의 슬픈 이야기들을 살라보고 싶은 충동을
머리에 이고
나는 어둠에 서서 별을 본다

복잡한 이야기가 어둠에 녹아
다시 밝은 색깔로 튀어 오르는
태초의 신비를 기대하며
나는 어둠에 서서
지금은 보이지 않는 별을 기다리고 있다.

고속 열차를 타고

오늘 고속 열차를 탄다
고정된 궤도를 달려갈 기차를 타고
이제까지 만든 삶의 궤적을 벗어날 듯
기차에 욕망을 실었다

살면서 남겨 놓은 흔적을 지울 수 없는데도
남은 삶의 방식을
마음대로 바꿀 수 있을 것이라는 무모한 상상으로
고정되어 뻔한 철길에 몸을 맡겼다

많은 사람이 같은 길을 수없이 오갔을 텐데
이번 철길은 예전과는 전혀 다른 것인 양
나만을 위한 것으로 착각하며
기차 안에 나의 특별한 마음을 얹었다

차창 밖의 풍경이 너무 빨리 지나쳐서
속절없는 세월과 기차 속도를 원망했더니
모두가 내 탓이더라
변하는 것은 나의 몸과 마음이지
기찻길 옆 주변 풍광은 그곳에 그대로 남아 있더라

중간역에 내릴 엄두도 내지 못하면서
종착역을 바꾸고 싶은 충동을 가슴에 품고
가는 길이 뻔한 기차 안에서

어설픈 설렘을 희망으로 착각하며
철길이 나의 삶인 양 계절 속을 지나고 있다.

소요산 연가戀歌 외 1편

손 순 자

인생길
설렘의 정거장에 서서
동반자를 기다리던 스물셋
그때,
그대를 만났습니다

사랑의 날개 펴고
소요산 아래 둥지 틀어
그대 품에 안겼을 때
이 세상 누구보다
행복에 젖었음을 고백합니다

사랑은
단둘이 해야만 하는 것
언제나 그 자리 머물러 주세요
그대만이
살아가는 이유가 됩니다.

어떤 바람의 술래

일요일 아침
양말 골목엔
추적추적 비가 내리고
태화, 천일 상회도
굳게 문이 닫혀 있다

빠르게 내달리는 세상 한쪽에서
과거의 영광 빛을 잃어 가도
서로 도와가는 보통사람들의 따뜻한 가슴과
그 속에서 피어나는 이야기도
하루쯤 쉬었다 가고 싶으리라

형록 분식집 군만두를 찾는 이 없고
문희 음악학원도 덩달아 조용한
비 오는 일요일 아침
대신4길 양말 골목엔
주차금지 표지판도 휴식을 취한다.

해질녘 외 1편

손 옥 경

삽질에 호미질
굳은 땅은
환한 얼굴
햇살도
등 뒤에서
웃으며 톡톡
떨어지는 땀방울
고추와
가지 그리고 들깨
당귀와 애련의 적상치
귀여움의 대파
키 큰 이의 날씬한
어린아해 옥수수 모종들
한판에 백여 포기
텃밭은 어느새 푸름으로
허리와 다리
입에서는 선하품
해는 기울고
밤이슬이 내리면
수고했다고
개구리들의 합창 소리
뒤로하며 서울로 귀환
달빛이 손을
흔들어 줍니다.

산딸나무 꽃

참으로 곱디곱다
맵시가
고운 은빛의 저고리
은은한 향기
기품이 묻어난
층층나뭇과에 속한
낙엽성 교목
산딸나무
꽃말은 희망의 속삭임
또는 희생으로 불리우는 너
고난의 십자가
십자가를 만든 나무라나
유럽에서는
신성시되는 그대
분신이 되어
호반의 도시
춘천의 정원에 태어났구나
하얀 꽃의 자태가
봄바람에 살랑이는
네 잎사귀
가을엔 붉은 열매
원형의 꽃술들
자연 속에 품었다.

고향 마실 외 1편

손 진 명

늙어 가니 고향 마실이
더더욱 그리워진다

한시도 잊은 적 없는 향수가
늘 고향 가자고 보챈다
반평생 넘게 타향에 살았어도
잠시도 고향을 잊은 적 없으니
그것이 진정 고향인가 봐

마음 한구석에
얼어붙은 보리 이삭처럼
피지 못한 향수의 꽃봉오리

사랑방 화롯불처럼 죽은 듯
사그라지지 않고 목숨 질긴
너는 영원한 내 동반자인가

내 고향 갈 때 함께 가자꾸나
영원한 친구여, 내 영혼이여.

봄의 미소

새싹들이 얕은 미소를 띠고
뾰족뾰족 봄나들이 나왔다

찬바람이 아직 가시지도 안 했는데
가지마다 초롱초롱한 저 눈빛들
뜨지도 못한 채 눈을 꼭 감고
봄의 얕은 소식을 듣고 있다

이 어린것들
찬 기운을 몰아냈으면 좋겠다
하루빨리 꽃가지 들고
활짝 웃으며 나오게

네 살던 곳이 어디기에
봄 온다고 누가 전해 주던가

얕은 바람 한 줌에도 파르르 떠는
추위를 밟고 나오는 햇병아리들아.

매미는 스스로 허물을 벗는다 외 1편

송 낙 현

봄날 화려한 꽃 잔치 끝나고
여름철 신록이 우거지면
매미의 청아한 노래 온 산천을 뒤덮는다

여름은 매미의 계절이다
매미가 노래를 소리 높여 부르면 부를수록
여름은 더욱더 뜨거워진다

매미는 천상의 화음을 전하는 하늘의 전령인지 모른다
저렇게 자신만만하게 목청을 돋워 감미로운 노래를
부르기 위해서는 자신에게 어떠한 허물도 있어서는 안 된다
만약 있다면 무대에 서기 전 진작부터 모든 허물을 벗고
등장해야 한다 그래야 아무런 거리낌 없이 당당하게,
힘차게 마음껏 노래를 부를 수 있는 것이다

그래서 매미는 절창인 아름다운 노래를 위하여
미리 스스로 허물을 벗는다.

늦가을 냇가에서

가을이 흐르는 냇가에 앉아
물에 떠가고 있는 낙엽을 본다

가다가 머무르고 가다가 또 멈추며
가끔씩은 맴돌아 멈추기도 한다
떠나기가 몹시도 아쉬운가 보다

나도 한때는
저처럼 머무르고 싶을 때가 있었다
곁에서 머무르고 싶을 때가 있었다
탑돌이 하듯 맴돌고 싶을 때가 있었다

떠나는 낙엽이 못내 아파하는지
파르르 떨고 있다

어느 한때의 나처럼….

잠꼬대 외 1편

송│봉│현│

재난 구조대원들은 어디 있는가
출렁이는 파도 속 힘 빠진 게들은
갑갑하다 거품을 뿜어낸다

태풍 몰아치면 참혹한 상처뿐
미국 중국 러시아 일본
거친 바람이 우리 강산 물어뜯는다

삼십여 년 짰던 어깨동무는 풀어지고
돌변한 떼강도들처럼 으르렁거리며
쓰러뜨리러 쓰러뜨리러 몰아친다

선출된 일꾼인 사공들은
사사로이 이를 갈며 헛발질이다

위태로운 배 여울 앞에
끼리끼리 편 갈라 멱살 잡기만 하는가
삿대질만 하고 있는가.

자연

나무 바라보면
바람 부는 대로 몸을 구부린다

하늘에 뜬 하얀 구름송이도
바람 따라 둥실둥실 걸어간다

자연은 순리를 품고
자연은 착함과 손잡고
자연은 베풂을 가르친다

닦는다는 것은 자연 닮음이다
곧게 늙어 감은 자연 옷소매 잡음이다.

요리 외 1편

송 삼 용

천장을 향해 가만히 누워
이리 뒤척 저리 뒤척
이리 뒹굴 저리 뒹굴
손가락 하나 까딱하기 싫은 그런 날
창턱을 오르락내리락 왔다갔다
거실의 해가 마음껏 놀도록 내버려 두었다

그렇게 하루치의 햇볕을 요리했다
그것도 좋았다.

귀항

저기
내
새끼가 있는

저만큼
해당화 향기 그윽한
내 사랑이 기다리는

육지를 향한 그리움이
하얗게 포말 지는 귀항 길
해돋이를 선미에 매어 달고
항구로 항구로

신명난 뱃머리도 어깨춤을 추고
꽃종이 날리듯이 갈매기 환영하는
모락모락 피어오르는 물안개처럼
검붉은 주름 골 가득
은은히 번져 가는 미소의 귀항 길
항구로 항구로.

사는 것이 여행이다 외 1편

송 | 연 | 우

첩첩산중을 지나 산굽이를 휘돌아
바다를 향해 가는 강물
수채화 같은 풍경을 펼치며
굽이굽이 쉬지 않고 달려가는 저 먼 길
아득한 벼랑을 만나 두려움에 흩어져도
다시 한몸이 되어 흐른다

때로는 바위에 걸려 휘돌다가
주춤거리고 두 갈래로 갈라져도
다시 추슬러 가야 하는 길
저 빛나는 물결엔 삶의 여정이 기록되어 있다

물결을 일으키는 눈부신 추억의 퀼트를 짠다
꿈과 현실을 넘나들며 쉴 새 없는 삶
긴 여정을 마치고
언젠가는 나도 곧 끝에 다다를 것이다.

나무의 소리가 나를 깨우친다

산수유 측백 동백, 백목련 자목련나무
숲에서 짹짹 새소리가 흘러나온다
참새 새끼가 날아가 앉는 산목련나무
창가에 앉아 지켜보니
푸른 나무가 새를 품어 안으니
즐겁게 노래를 시작한다
새한테는 나무가 기댈 편안한 안식처다
나에게는 무엇이 어울릴까
측백나무 나이도 나와 비슷한데
나무는 점점 젊어지고
새들의 속삭임도 늘어 간다
나무는 바람의 소리 물의 소리
하늘을 이고 깊어 가는데
나는 점점 늙어 푸른 숲을 끌어안고
숲의 기운으로 살아간다.

월명암 月明庵※ 외 1편

신 계 식

모두 지고 와
뿌려 놓고 지낼 만한 곳

월명암은 겨울인데
서녘 바다에 지는 노을이 고와라

바람 하나 없는 채
거기 벗고 선 나무들
가지 끝끝내 저어 물길 트며 있었고
신우대 잎
눈부심도 눈발 속에
다사로웠네

무명 옷섶
어머님 품안
아늑히 절집 에워싸고

나그네 비운 마음
소슬히 젖는 나절 겨운
저녁 어스름.

※월명암 : 내소사 말사

낙향기
—겨울 이야기

고요 깃든 마을 흐르는 바람
머리채 흔들며
읍으로 정중한 대숲의 한낮

마른가지 끝 매달린 이명耳鳴의 나이
볕바른 마당귀 굽좁은 골목 안
조잘대며 더러는 귀 찢는 조무래기들….

먼 그날 바람은 매웠어도
집집이 피는 저녁 연기
뉘 집 제삿날 밤 고샅에 흐르는 지둥紙燈의 온기

지금 여기
빈 하늘 가득한 울림
가뭇없이 사라진 마을의 체온.

이태원 참사 외 1편

신|동|호

이태원 핼러윈 행사
22년 10월 29일 밤 10시
압사 사망 156명, 꽃 같은 젊은 나이에 유명을 달리했다
젊은 영혼들!

각국 정상들이 애도의 뜻을 보냈다
바이든 미국 대통령: 한국의 비극에 깊은 위로
시진핑 중국 수석, 기시다 일본 총리
푸틴 러시아 대통령, 찰스 3세 영국 국왕
유가족에 깊은 위로 전문 한국 국민과 연대…
윤 대통령께 메시지를 보냈다.

교황: 젊은이들 비극적 사고 희생자 위해 기도
7대 종단 대표자들 서울광장 합동 분향소 참배
사망자 10대 12명, 20대 104명, 30대 31명, 40대 8명
참사로 중학생 1명, 고교생 5명, 교사 3명 숨져
외국인 사망자 26명 14개국

이태원 참사 11월 5일까지 국가 애도 기간 지정
서울시 광장 녹사평역 광장 등 전 자치구에 합동 분향소 설치

밀어 밀어 뒤에선 밀고
앞에선 겹으로 쌓인 죽어 가는 사람 위에 또 엎어져 나가질 못한다

사람이 죽어 가고 있어요 제발 밀지 마세요 아비규환
경찰들은 무얼 했단 말인가 사고 나기 전 낮부터 사고 위험이 존재, 위기에 처해 있었다는데

통탄할 일이다
2022년 10월 29일 밤 10시
세월호 참사랑 역사에 길이 남을
대한민국 액운의 날이었다

너무나 안타까운 죄 없는 젊은 생명들
하늘나라에서 고히 잠드시옵길 바라올 뿐

눈물이 맺힙니다.

겨울에 떠난 사람

우리가 잊을 수 없는 건
멀어져 간 여름날의
숲속 그림자들이며
가을 들녘에 피어 흩날리던
들꽃 향기였다

겨울비 내리고
다 죽어 간 마른 잎들이
타고 남은 재가 되어
그리움의 씨가 여물도록
핏빛으로 지는 해와 함께

덧없는 먼 동네 이름처럼
겨울 바다로 그는 정녕 사라져 갔다
이 추운 계절에…

안주하지 않는
세월의 사람들 속으로.

마음 얼굴 외 1편

신 | 사 | 봉

마음을 비우자고
의논했더니
그도 흔쾌히 허락한다

욕심 없는 얼굴
용서하는 얼굴
그리고 나니
아름다운 얼굴

오, 그 많은 얼굴들이
어찌 좁은 내 안에 다 모여 살 수 있을까

마음을 강건케 하는
어떤 비결을 지녔는가.

쓰레기통을 보며

버려야 할 것
아니 버려야 할 것
한데, 엉켜
쓰레기 수거함 넘쳐난다

삶의 흔적
울분, 시기, 원망, 용서, 인내, 나눔도
쓰레기통에 가득하다

못다 한 꿈
가슴속 남아 있는 절망의 찌꺼기
모두 버리고 살아야 할 일이다

편견에 얽힌 삶의 흔적
마음의 동토凍土를
소통으로 날려 보내자.

봄나물 외 1편

신 선 진

들녘에 아지랑이 아물아물 피어오르고
종달새 하늘 높이 떠 지지배배 노래 부르면

논두렁 밭두렁에 냉이 미나리 꽃다지가
햇빛을 받아 파릇파릇 싹이 돋아 나오고

시골 아낙들이 바구니와 호미 들고 나와
콧노래 즐겁게 부르면서 나물들을 뜯고

우리 식구 밥상 싱싱하고 풍성하게 꾸며
즐거운 마음 우리 식구 맛있는 보양 식사.

농부의 마음

산과 들이 아름답게 색색으로
단풍이 들면 마음이 즐거우며

농부들은 가을 추수 바빠지고
어머니 배추 뽑아 겨울 김장하고

올겨울 배부르고 따뜻하게
행복하고 즐겁게 지내면서

우리 아들딸이 열심히 노력하여
바라는 시험에 합격하기를 바라며.

비가 외 1편

신 승 호

눈물 같은 비가 내리면
그대가 너무 그립습니다
바라보던 마음 너무 아파서

하염없이 쏟아지는
저 빗속에 그대 젖은 사랑
뚜벅뚜벅 올 것 같아서
그냥 그 자리에 서 있습니다

금방 눈물을 흩뿌리며
달려와 안길 것 같은데
그대는 어디에 가시나요?

그 아픔이 녹아 물처럼 내리는데
아픔이 다하는 그날에 또 비가 내릴까요?
당신은 언제나 그리운 사람인데 어찌 하나요?

나는 당신을 보낼 수 없는데
비는 내리고 어둠이 깔리던 그날에
떠나가던 당신 모습
그렇게 슬픈 비가 내립니다.

기억의 자락

물방울 시린 바람
메마른 계절의 마디가
머리카락을 쓸어 주름을 덮는데
아려 오는 시간 앞에 속절없는
기억의 갈피를 붙잡습니다

마른 가슴에 잠긴
미련의 흔적을 잡고 기억을 쫓아서
따스한 봄 햇살이 매달린 가지

솔바람 파고드는 아픔에
손잡아 온기를 채우던 그날의
보랏빛 기억 한 자락을 그려 봅니다

시린 창가에 조각 틈으로
하얀 밤 서리꽃이 시간의 갈피에 푸르게 핍니다.

엄마 없는 하늘 아래 외 1편

신|윤|호|

헐벗은 어린아이
세상 모르고 온통 뛰어다닌다
세상은 다 이런 거구나 하고 다닌다
옆집에는 엄마 하고 울부짖는 소리가 들린다

엄마가 무엇인지 나는 모르나
울어대는 아이들 무엇 때문에 울고 웃는지
어떤 아이는 엄마하고 울부짖는다

나는 울 때면 그냥 울어 댄다
저 아이는 왜 울며 엄마하고 울지
나는 이상히 여긴다

세상이 무엇이고 무엇인가
마구 뛰며 살아왔다
나는 엄마를 부른 적이 한번도 없다

그냥 세상이 이런 거구나 하고 살았다
엄마가 무엇인지 모르며 살아온
서너 살 때 어딘지 사라진 꿈속에 엄마.

멋진 인생

삶에 너무 집착하지 말고
자신을 뒤로 미루지 말고
나는 이 세상에 나뿐입니다
긍정적인 일만 하시고

인생을 즐겁게 꾸며 가며
세상에 있는 모든 것을
내 것으로 만드십시오

내가 할 수 있는 일에 열중하며
가야 할 길만 가십시오
세상은 고르지 못하지만
내가 만드는 것입니다

세상일이 힘드시거든 사랑을 나누시고
이왕 주어진 세상 정성껏 사십시오.

새싹 외 1편

심 종 은

고요한 어둠 속
깊은 터널을 뚫고 나와
마침내 빛을 보던 날
세상은 참 아름답게 보였어요

비쳐드는 만물의 형상이
고즈넉하여
자칫 움츠려진 동작은
바라볼수록 신비스럽게만 느껴지는
새 생명의 탄생이고요

가지 새 넌지시 토닥거리던
솔바람 내음
듬뿍 떠올리는 눈 매무새는
서슴없이 터뜨려 보는 삶의 꿈망울이죠

뭉게구름 흔적 따라
세상에 존재를 알리려고
하늘 향해
신들린 듯 마냥 빚어내는 점화식은
초록 그리움의 향연입니다.

꿈박이

꿈을 박고 사는 꿈박이
푸른 하늘 바탕에
그림을 새기며
노상 꿈을 꾸지요

홀어머니 품에 키워져
외톨이로 자라며
긴 어둠 자락을 헤집는
나만의 꿈을 꾸어 왔어요

꿈을 안고 사는 꿈박이
꿈이 엄청 많아요
잠잘 적에도 그렇지만
앉거나 서 있어도
길을 걸어가면서도 꿈을 꾸지요

신이 날 때도 있지만
고달프거나
슬프고 괴로운 시간이면
혼자 꿈꾸기를 좋아해요

꿈을 품고 지내는 꿈박이
늘 잠이 많아요
보고 싶어도 볼 수 없는

엄마 아빠를
꿈속에서 만날 수 있거든요

꿈을 찾아다니는 꿈박이
하고픈 말도 많지요
사람들은 철부지 잠꾸러기라 놀리지만
꿈속이면 다 이루어지거든요
그래서 꿈이 제일 좋아요.

가을 저녁 외 1편

안 숙 자

구름마다 걸어둔 투명한 숨소리
제 길이로 흔들리며 길을 내다 말고
길가에서 쉬고 있는 억새들
마디 끝에 매달린 마지막 미소
누구의 그리움 부르려고
마음을 벗겨내며
저리도 아프게 몸 흔들어
작별의 손이 되는가

풀잎에 맺힌 이슬에서 희망을 만나고
저녁노을 속에 희망을 떠나보내며
몸을 허공의 넓이에 두고
꿈을 부르다 저문 이 저녁
갈대는 울면서 누군가 부르는가 보다

언덕에 오르려다 채 오르지 못한 황혼
빈 가슴 가득 채운 아쉬움
하늘 쳐다보는 쑥부쟁이 얼굴 위에
초승달 그림자처럼 느릿느릿 지나간다
보이지 않는 것들이 아주 높게 더 높게
부러진 다리 끌고 한없이 날고 있다.

꽃 피는 날까지

가을이 떠나간 뒤 더욱 황량한 들녘
조금만 건드려도 떨어질 것 같은 낙엽 한 잎
아름다운 기억으로 달려가고 싶어
산을 넘고 강 건너 어디든 갈 수 있는
하늘에 떠도는 별들을 바라보지

어둠이 내리면
바람이 풍상을 몰고 와
가지에 매달린 정적을 휘저으면
어둠의 저쪽에서 아무 말 못하고
혼자서만 그리도 흔들리는 것이지

마지막 잎까지 모두 떠나가도
지칠 줄 모르고 찾아와 옷을 벗는 기억
슬프고 앙상한 뼈로 남으니
뼛속에 남은 뜨거운 피
까만 씨앗으로 가슴에 맺혀
꽃 피는 날까지 기다리며
그리 오래도록 잠들어야 하는 거지.

푸른 꽃잎 사이 나를 숨기다 외 1편

안|연|옥

마음 약한 일들
다 봄에 있었다

연약한 것들 다 봄에 모아 놓고
영원할 것 같이 화사하더니
이내 파란을 엎질러 놓았다

나긋나긋하던 말투들
다 질겨졌다

봄을 따라왔는데
어느새 빗줄기에 갇혔다

내 꿈은 제비꽃이나
연분홍 홑잎에 숨는 일이었다
숨어서 때론 쌀쌀해지자는 것이었는데
결국엔 뒤끝들을 앓게 되었다

지나간 꽃들,
다 봄에 있는데
우린 그 어느 봄으로도
돌아가지 못한다

봄은 언제나 기다림 끝에서
달아날듯 들떠 있다.

노을 만 송이

늦은 여름, 노란 장미의 숨겨진 꽃술 위로 뜨거운 햇살이 끌려 들어간다. 갑자기 꽃무더기 속으로 확 잡아끄는 즐거운 완력처럼 못이기는 척, 아니 못 이기고 이끄는 대로 넘어질 때

그곳,
노을이 만 송이쯤 피어 있었네.

서늘해진 바람이라고 초가을 햇살에 꽃술 머리 감고 있는 구절초에로 낮고 느릿한 옛 노랫말이 흐를 때 한 줄기에 한 송이만 피운다는 구절초의 고집이 콧속을 찌를 때

그곳,
오래 묵은 잼 병같이 달콤한 두 귀가 있네

내 마음의 풍금 위에 희고 검은 건반을 딛고 가는 바람의 발자국마다 울리는 음률과 음률

아, 나는
어느새 속으로 우는 악기가 된다네.

전천후 모국어 외 1편

안 재 찬

밤색 팥빵에다 높임말 꾹꾹 찔러 넣는
소녀를 바라보네

언어 감각이 다이아몬드보다 빛나
고객의 얼을 잠깐 빼놓는
상혼을 훔쳐보네

빵맛보다 말맛이 더 달착지근한
'삼천육백 원이세요'

듣기 좋고
질서 바른 말

화독에다 한 쟁반 말을 구워 내어
입술에 올리는
파리바게뜨 물신교 신도

전천후 모국어 구사에
난 그만 두 팔 버쩍 들고 말았네

갈 데까지 다 가 버린 세종대왕님 후예들
정말 정말로 자랑스럽네.

파장

나뭇가지에 새들이 떠났다
파장이다

왁자지껄 흥얼흥얼 금속성 소리꾼 뿔뿔이 돌아선 장터 노래가 사라졌다

잎 다 떨구고 열매 한 개 남겨 놓지 못한 빈털터리 뒷모습이 처연하다

무장 해제된 감나무 아래 바장이다
문득 주검이 떠오른다 바위와 그루터기 틈새 잎 하나가 내장 다 내주고
해골 형상한 감껍데길 받들어 풍장시키는 숙연을 보았다
코끝에 달라붙는 젖비린내가 유년의 어미를 불러낸다 말랑말랑이 쭈그렁 될 때까지 젖을 물린 물크러진 최후 모성의 낯빛을 보았다

내 생각이 자꾸 엷어진다
졸음拙吟 한 편 날개 달아 건네지 못한 안달도 안달이지만
감나무 떠난 새와 사그라질 피붙이의 노래 한 묶음이
긴긴밤 머릿속을 휘젓는다.

꽃씨 외 1편

양｜명｜학｜

검은 씨껍질 속에 숨은
순수의 하얀 배젖

어두운 땅속에서 온도와 습도를 조절한 긴 세월 끝
뿌리를 뻗고 떡잎을 밀어 올려 기지개를 켜면
초록색 그리움은 집광판集光板이 되고

눈[芽] 속에 숨겼던 줄기 가지 잎들을
투망처럼 하늘로 활짝 던지면
색계色界의 사랑은 꽃으로 피고
무색계無色界의 염원은 씨앗으로 여문다

한 생애를 기울여 꽃씨를 거두어서는
구규九竅의 하늘에다 마구 뿌리는 사람
그를 우리는 시인詩人이라 부른다

꽃으로 인해 정지하지 않는, 저 광대무궁한 우주의 회전
갑을병정무기경신임계甲乙丙丁戊己庚辛壬癸
갑을병정무기경신임계甲乙丙丁戊己庚辛壬癸.

그 속에서 유영遊泳하는
그대의 영혼!

늙지 않는 사랑 · 56
―사막선인장

섭씨 50도의, 그 열사熱砂의 땅에서도
너는 아직 살아남아 있었구나

잎을 고스란히 꿈으로 펼칠 수 없어
가시로 만들어 온몸에 꽂고서 살고 있는
저 처절한 운명, 사막선인장

비가 적게 내릴수록 더욱 아름다운 꽃을 피우는
그래서 더욱 네 존재를 당당하게 개시開示하는
저 삼지창날 같은 자존심

찢어진 인연을 원망하지 않고
해마다 다시 꽃으로 피워내기에
사막의 밤은 영원을 향해
뚜벅뚜벅 걸어갈 수가 있는 것이다

늘 저렇게 내 한 생애를
핏빛 노을로 펼치고 서 있는 사막선인장

순아, 내게서 너는 그런 존재다
수십 년 긴긴 내 눈물의 밤을
달을 들고 밝혀 주는
사막의 선인장이다.

아침 외 1편

양 지 숙

눈이 일찍 떠졌다
누가 잠꾸러기의
잠을 깨뜨렸을까
창 너머 새벽이 선뜻하고
어깨쭉지로 맑은 바람이 새어 든다
저 멀리 시간이 잠든
바다 밑에서
곱게 치장한 빨간 입술이
이즈러지더니
입김 한껏 머금고
저돌적으로 치고 올라온다
그저 피곤만 붙들고 지낸 간밤을 비웃듯
빛살이 말갛게 퍼져 투명하다
울렁이는 물살 위로 가쁜 숨결 몰아쳐
멀어져 가는 해의 민낯
긴 밤 깊은 숨이 물살에 떠내려가고
잠꾸러기의 잠도 파랗게 걷어버리고
창 너머
아침이 온다.

사월

푸른 소나무 몇 그루
꽃잎이 한 장 나려 온다
팔랑이며
무표정한 정원에
밝은 분홍을 입히다
사월
꽃이 기지개 켜는
사월의 그 봄
아를의 그 해
사이프러스는 하늘에 닿아 있다
막 깨어난 꽃잎들은
나뭇가지에 착 달라붙어
싱그러운 바람 들이마시고
뜨거운 열기
파란 하늘에 물들이듯
하얀 구름에 떠나보낸다
화가의 발길을 끌어들인
하얗고 노랗고 붉은 꽃잎
그 보드라운 연서들
향기가 쏟아져 나온다

분홍 꽃잎 한 장
아를의 사월을 떠오르게 하다.

갈색 계절 외 1편

양│치│중

뜨겁게 타다 남은
마지막 갈색 계절 머문 자리에
갈바람 부풀어 가랑비 내리면
젖은 낙엽도 사색에 잠겨

산등성이 억새꽃
하얗게 흐드러져 은빛 번지고
곱게 물든 석양 노을 서산 넘어
미련 없는 아쉬움 가슴 가득
지우지 못한 갈색 그리움

숨 가쁘게 달려온
긴 날들 짓밟고 떠돌다 지쳐서
갈 곳 잃은 철새처럼 외로이
끝없는 해변 어둠에 묻혀.

그리움 안고

먼지 낀 서랍 속
긴 망각으로 멀어져 간 추억
무지갯빛 설렘 안고
숨차게 헤매던 날

석양이 내리는
황혼 빛 창가에 홀로 앉아
스쳐 간 그리움 안고
허망한 꿈 깨던 날

어제 같은 오늘
내일을 살아갈 어설픈 설계
못 이룬 아쉬움 안고
숨결 다독이던 날.

낯선 구두 한 켤레 외 1편

엄원용

잠에서 깨어 일어나자마자
졸린 눈으로 지하철 창문에 기대어
피곤한 몸으로 회사까지 왔다
나오는데 점심때 친구네 집에 가서
놀다 오겠다고 했다
그러라고 했다
점심을 먹고 집에 두고 온
서류가 생각이 나서 전화를 했다
받지 않는다
5분쯤 뒤에 또 전화를 했다
받지 않는다
30분 뒤에 다시 전화를 했다
역시 받지 않는다
이 집 전화는 이 시간쯤이면 가끔 문제가 생긴다
이놈의 전화에 또 문제가 생긴 거야?
서류 때문에 외출한다고 하고 집에 왔다
현관 신발장 앞에 낯선 구두 한 켤레가 보인다
이 시간에 누가 왔나?
중간 문을 연다
낯선 구두 한 켤레가 깜짝 놀란다.

외딴길

외딴길로 가지 마라
외롭다
혼자 걷지 마라
더 외롭다.

그리움 · 15 외 1편

오낙율

어린 날 놓친 풍선
아득히 날아
도시의 밤하늘에 뜨면
날 기다리던 고향 초가집
가슴에 빈터만 남아

저 홀로 늙어 가는 찰감나무 꼭대기
하나 남은 까치밥을 쪼다가
겨울 양식 걱정에 울던 까치 소리만
타향의 달빛 흔드네

첫사랑이 짝사랑이라며
사랑한다는 말 한번 못해 보고
늙어 버렸다는
고향 땅 지키는
불알친구는

내년에도 살구꽃 만발할 텐데
예쁘다 말 못하고
그냥 사실까.

향수

초가지붕 넘어가던
그 보름달이
하얀 박꽃을 좋아했을까
순결한 누님처럼 하얀 박꽃을
밤마다 보름달이
사랑했을까

풀벌레 목청 놓는
초가지붕에
보름달 아기 박이 하나, 둘, 셋
반딧불이 깜박이는 마당 멍석에
까까머리 우리 형제
넷 다섯 여섯.

여기 있소, 나 외 1편

오 병 욱

우주, 나의 세상은
내가 있어야 있고
세상, 나의 삶은
내가 살아가야 따라서 오지

끝없이 흘러가는 시간의 무대에서
신비라는 이름의 멋들어진 공연을
밤낮없이 펼치고 있는 세상, 우주
나는 무대 위의 유한한 한 존재
생각하며 살아가는 존귀한 인간
세상에서 단 하나뿐인 작고 작은 나

생각으로 터 닦고 삶의 씨앗 뿌려
마음과 몸으로 심은 씨앗 키우면서
함께 때론 홀로 웃고 울기도 하지만
무대 위에서 이별가를 부를 때까지는
사랑하는 가족, 친구, 이웃과 함께
위하여! 나의 꽃, 영혼과 가슴으로 피우리.

꽃 시 낭송

저 황량한 광야에
성도 이름도 알 수 없는
파릇한 새싹 얼굴이 보이네

희망의 별빛이 내리는
영롱한 이슬 덕분인지
잎이 자라 줄기를 만들고
줄기는 자라 잎의 날개를 펴며
인정 없는 풍파로 몸 단련하여
우뚝 서는 건강한 풀 한 포기

별빛의 순결한 정기를 받아
거룩한 꽃봉오리를 잉태한다
옥동자 같은 꽃을 탄생시킨다

나비야 벌들아 신나게 춤을 춰라
사랑스런 꽃이 시 낭송하고 있다
가는 길 안내하는 희망의 별처럼
인간들아, 다투지 마라, 싸우지 마라
저 희망의 소리 들어보자, 들어보자!

예림찬가 禮林讚歌 외 1편

오 재 열

1.
조국의 실한 등뼈 백두대간 맥을 받아
노령산맥 뻗어 내린 반도의 서남단에
용진산과 석문산은 열두 폭 병풍일세.

2.
마을 앞 평림천은 넓은 들의 젖줄이요
어등산 사랑산은 청룡이요 백호로다
하늘이 복지로 주신 예림마을 만만세.

딸자식
―혼주석에서

서툴어 귀한 짓의
기저귀 찬 혀짤배기로

볼샘에 재롱을 달고
뒤뚱뒤뚱 걷던 네가

네 오늘
철든 시늉이
외려 눈에 밟힌다.

젖은 눈웃음으로
돌아보지 마라 애야

그래도 보내는 내사
가는 너만 하겠니
이래서
딸자식 보면
서운타들 하는갑다.

밤바다 외 1편

오 정 실

어둠이 내려앉은 바다
조각배들 사라지고
파도 소리 멜로디로

찰썩거리는 파도 소리
세월을 흘려 버리고
부서지는 파도 철썩철썩

젊음을 앗아간 세월
울음을 터뜨린 파도
긴 밤 새워 우는 파도

서러워 서러워 그침 없는 울음
파도에 실려 그리움이 밀려올 때
수평선 너머 석양이 너무 곱다

외로움이 쏟아지는 시간이면
출렁이는 달빛 속에 사랑을 불러
긴~ 뱃길 따라 그리움을 쫓아간다.

그늘

당신은
나의 커다란 그늘
행복의 그늘입니다

사랑의 보금자리
그리움의 눈물입니다

뜨거운 햇살
쏟아지는 소낙비를
막아 준 당신

멍든 가슴
얼룩진 심장도
치유해 주신 당신
그 그늘 그리운 나이든 딸

그 행복
다시 맛볼 수 없기에
더욱 그리워지나 봅니다

이제는 내가 그늘이 되어야 하는데.

가을 서정 외 1편

우태훈

기찻길 옆 때늦은 장미가 만발하였네
코스모스는 모습을 감추고 말았네
도심 속의 가을이란 알 수 없는 방정식 같은 거라네
분명히 가을이 무르익어 가는 계절이건만
농부의 오후 한낮 들판에서의 거친 땀 훔치는
모습은 보이지 않네
그 대신 플라타너스 나뭇잎 사이로 반짝이는 햇살이
따습다
강가 모래더미 위에 철새들만이 옹기종기 모여서
사랑 노래 속삭인다네
카메라 렌즈가 어느덧 그들에게로 향하고
추억 속에 한 장 사진으로 남기고자 하네
강가 팔각정을 휘돌아 가면서 반겨 주는 야생화들이
더욱 가을의 정취를 더해 주네
계절을 아쉬워해 주는 햇살은 갈대 사이를 지나서
바람과 함께 잔잔한 파도 위에서 파르르 은빛 물결을 만들고
있네.

야생화

지천에 널린 것이 야생화라지만
그 어느 꽃 하나라도 소중하지 않은 꽃은 없네
한생을 단 한 번도 사랑 님의 눈에
띄는 일이 없을지라도 곱게 아름다움 간직한 채
사라져 갈 뿐이지
운 좋게 벌, 나비가 찾아와 준다면
달콤한 꽃술을 다 내어 줄 텐데…
이제 강바람도 차가워지네 야생화의 운명의 시간도
가까워 오는 것인가
운명의 시간이 코앞에 다가와 있어도 알지 못하는 것은
야생화뿐이겠는가
그저 계절에 순응할 밖에…
밤이 오면 오는 대로, 바람이 불면 부는 대로
사랑스런 내 누님 같은 야생화여.

별들로 깨운 꽃들 외 1편

원 수 연

한줄기 슬픈 정이 찬비를 거슬러 와
질긴 삶 손에 쥐고 어린 싹을 다독였지
핏물 밴 설움을 딛고
대숲을 만났구나

인생길 재를 넘던 추억과는 헤어진 뒤
세월은 어서 가자 재촉하며 보챈다
청산은 구름을 불러
귓속말로 타이르고

기쁨은 목숨 하나 촛불처럼 쥐어 주고
슬픔은 가슴에다 무지개 다릴 놓지
별들은 절망을 깨운
꽃들을 다독인다.

그리움

바람의 시샘인가
구름의 외면인가

늘 달빛 담긴 얼굴
그는 지금 어디 있나

부르면
다정한 대답
눈웃음은 어쩌지.

풍악산 거북바위의 노래 외 1편

유 | 경 | 환

거북 바위 빚어낸
조물주의 깊은 뜻이 여기에 있소이다
그 옛날에 영구 낙서 들고 나왔소
거북이 잔등 위에 그림이라오
선천 다음 후천세계 청사진이라오
그래서 대들보 얹을 때 용구龍龜라고 쓴다오

천지 기운이 분열해 가는 마력적인 힘을 보여 주는
입체적인 마력진을 밝히 보여 주었다오
거북바위 볼짝시면
막강한 에너지를 창조한다오

분열 운동과 통일 운동과
결실과 완성 운동을 하게 된다오
그래서 수명 장수 억만년을 부귀영화 누릴 것이라오

용마하도는 우주 창조 설계도요
출발과 시작이라오
영구 낙서는 그 꿈을 향한 분열, 성장, 성숙, 완성
통일의 고달픈 행군이라오

영구 낙서 중앙 15진주는 참하나님이시라오
국가 사회 우두머리가 된다오
무한 권력자가 된다오
무한 책임자가 된다오.

장경암 사자바위 앞에서

푸른 초원의 왕자
무서운 갈기 휘날리며
대륙을 누비는 백수의 제왕이시여
어찌 금강산에 와 계시는가
당신은 승리의 화신이로다
모든 명예가 당신의 두 어깨에 있으며
만민을 호령하듯 사자후하도다
당신은 황금같이 빛나는 존재요
이 땅 위에 태양이로소이다
당신은 태양의 화신이요
떠오르는 태양과 지는 해와 같소이다

당신의 용기와 강인한 용맹을 찬양하노라
당신은 두려움을 모르며
강렬한 연민과 비애로 사랑을 절규하도다
거짓과 악에서 지켜주는 용기의 화신이로다
열렬한 사랑의 예언자요
참진리를 선포할 때마다 사자후로 불을 토하는도다
충성과 은혜로움을 알고
모든 일들을 충직하게 하도다
창조력이 넘치는 개성미를 지녔으며
공명정대하고 위풍당당하도다
조물주의 창조 의지를
사자바위로 보여 주시는도다.

사계송 四季頌 외 1편

유|인|종

고운 미소 수줍어 봉오리 안에 감추고
그리움을 불태워 밤새껏 쓰는 편지

등허리에 검은 태양이 쏟아지는 날에
우체부 발길 같은 착한 바람 불어와

노란 은행나무 가지에 까치가 울고
단풍이 제 색깔로 가득한 언덕으로

먼 산에 멈칫거리던 아득한 서리가
홀연히 백설을 몰고 와 덮는 이불.

파도야

먼 바다 몰고 와서
까만 밤 하얗게 부수며

바위 머리채 잡고
가슴을 치는 푸악

잠 못 이루는 나그네
베갯머리에 새벽은 먼데

배 떠난 부두에서
너마저 울면

별빛 설운 이 밤을
파도야 어쩌란 말이냐.

바위 꽃 외 1편

윤 | 명 | 학

칼바람에 얼어붙은
거북등같이 갈라져 가는 네 모습은
녹일 수 없는 심장
꽃 피울 수 없다는 것을
모르는 너는

구름과 바람과 세월 앞에
너의 전부인 앞가슴을 풀어 헤쳐
온몸으로 구애하는 네 모습이
심장이 멈출 듯 애처롭구나

바람아 구름아 날아가다 힘들면
비라도 내려다오
행여 연꽃밭에 놀던 새들이 잠시 쉬어 가다
부용 씨앗*이라도 심어 주면

바람에 꼬리를 물고
인고의 세월을 먹으며
수천 년이 지나
제 얼굴 하나 갖춰 갈 때
행여 바위 꽃이 필는지,

※부용 씨앗: 연꽃 씨로서 삼천년이 지나도 발아가 가능.

일주문

댓돌 위 흰 고무신
고인 가을 달빛에
유난히 반질거린다

새벽 예불 때
지름길을 두고 먼 길을 돌아가는 스님
산사의 불빛은 좀처럼
좁혀지지 않고 산짐승 소리만이
산사에 다 닿은 줄 알려 준다

새벽 공기 깨뜨리는 산사의 목탁 소리
촛불 넘어 어렴풋 먼 길 돌아가는
스님 마음 알듯

미명에 어둠 속
지천명을 맞이한다는 것
내 마음속 큰 빗장이 걸렸는지
들여다보였다

새벽 산사의 바람이
어리석은 사람을 일으키니
산문 밖에도 똑같은
산사 바람이 불는지.

자화상 외 1편

윤│초│화│

그리운 것은 멀리 있었고
오래된 노래를 부르며
시간을 멎게 하는 마술에 취해도
나날은 멈춤 없는 시작이야

진실의 톱니바퀴에 어지러이 흔들려도
우러르는 하늘은 짙푸르러
먹물 같은 어둠이 몰려오는 날에도
선한 존재의 자존감을 굳건히 지켜야 해

나무들이 환성을 지르는 창문을 열면
엷은 구름 타고 오시는
어제의 오늘
오늘의 지금

미래에 대한 기억을 익혀 가야 해
찬란한 예감의
두근거림으로.

풀꽃 추억

선생님이 풀꽃 채집
숙제를 내주셨네

들길을 걸어가다
자운영 꽃잎 주워
책 속에 넣고

산길을 걸어가다
들국화 꽃잎
넣어 놓고

한참을 지나
한참을 지나

먼 훗날
이삿짐 책 속의
꽃잎

풀꽃 잎이 나를 찾으며
울고 있었네

그렇게
그렇게
울고 있었네.

연둣빛 찻물 외 1편

윤충선

찻잔 속에
하늘이 있고
정처없이 떠가는
구름 한 조각 보이네

이 마음
실어 가는 차향
새 한 마리가
나를 이끌고
따뜻한 둥지로
내려가네.

달빛에 물든 동백꽃

이 밤은 달빛이 나에게 주는 향연
하얀 그리움으로 감싼 동백리

한잔의 고독한 시간마저 실어 가는 동백항
연정의 밤에 비친 찔레꽃
윤슬은 흐르는 빛에 그리움이 사무친다

바람 소리에 감싼 님의 연화 미소
침묵하는 바위에 토해낸다

철썩철썩 흰 눈보라의 포말 꽃
고요함마저 내어준 끝자락
달빛에 젖은 동백리.

모과꽃과 어머니 외 1편

윤 하 연

살 분홍 속살 터지는
꽃빛 봄날이
당신에게는
없는 줄 알았습니다

가을날 누런빛으로
농익어 버린 모과를 만지면서
당신의 아픈 세월이 과즙처럼
뼛속으로 스며들었지요

오늘은 그 모과나무에
연분홍 꽃잎이 예쁘게 피었습니다.
당신의 봄날을 처음 알아낸 것처럼
얼마나 자괴감이 들었는지 모릅니다

매운 바람에 닳아진 어머니 봄날
오월 동산에서
꽃빛 사이로 말갛게 비쳐 옵니다
스란치마와 바느장 옷고름
어머니의 고운 날.

산벚꽃

고향 하늘 아래
우리 아버지 함박웃음 터졌네

4월 햇살 한 줌 보듬고
눈부시게 날리는 그 가벼움
서방정토 하얗게 다듬어서
산벚꽃으로 피었네

내 고향
돔배미 골짜기
산을 가르는 장끼
팍~ 봄이 터지네
논둑길에 산산이 흩어져서
주워 담을 수 없는
아버지 웃음소리네

뒷산에 퍼져 가는
아버지 흰머리
검은 물 들여야 할 텐데 걱정이네
좋은 일 많이 생기셨는가
꽃잎 같은 틈니 사이로
파안대소 쏟아지네.

수경 스님 외 1편

윤 한 걸

봉정암 5층 부처님 진신 사리탑
자인 성과 구암 스님 맺은
불타 인연 청평암 주지 스님으로

어느 전직 대학 교수님께서
어인 인연으로 불타에 입문
법문 독송 보살로 살아가느니

차라리 수경 스님으로
큰마음을 당겨먹고 자인 성의 도움
청평암 구암龜岩 주지 스님의 삭발식

정화수 받들고
결혼은 어디 가고 혈혈단신
보살로 지낸 세월 다 잊고

이제는 수경 스님으로
내 젊은 날은 어디 두고
파르라니 깎은 머리

온 청평암이 울었다
암자에 울려 퍼지는 목탁 소리
잘 살려면 잘 먹어야 합니다

어느 해 긴날 봉정암을 거쳐
청평암 명오 주지 스님의 달마도
잘 죽으려면 잘 먹어야 합니다.

입동立冬

금빛 햇살
오색 선율에 흐르고
지나가는 계절은 옷을 갈아입는다

저 멀리 미소를 짓는 세월은
황금 들판에 익어 가는 알곡들
참새 떼들이 무리를 지어 잔치하고

지구는 어제도 오늘도
공사로 한창인 가을 들판
머지않아 흰 눈이 내리고

추위에 허덕일 것이다
우리의 몸과 마음은 더욱더 추워지고
지나가는 기러기는 대열을 짓고

참나를 찾는 그런 하루
차가운 기운이 온몸을 덮는 계절
24절기 중 19번째 절기

이 전에 김장도 하고
무 구덩이 파고 땅 밑에 묻는다는 계절
햇곡식으로 시루떡을 하고 나누는 입동立冬.

눈 오는 날·2 외 1편

이 근 모

하얀 의복을 입혀 주고
흰 모자를 씌워 줘
나의 투명한 정체성을 세워 가며
순백의 길을 걸어갑니다

흙길 위에서는 쉼 없이 걸어봐도
당신을 향한 자국이 보이지 않아
늘 아쉬움의 길이었으나
오늘은 티끌 하나 없는 온 누리에서
당신을 향한 투명한 자국을
끝없이 보여 주며 걷는 날입니다

못다 한 그리움을
두 손 안에 꽁꽁 뭉쳐 거머쥐고
당신께 사랑 덩어리를
마냥 던져 보는 날입니다.

칼바람 속 생명선

동지선달 한겨울
실가지 끝에 동면하는 꽃눈
서릿발 나뭇가지를 오그려 쥐고
겨울밤을 지새우는 산새
얼음장 밑에서 살아가는 물고기
그것이 극한 삶을 살아가는 생명선이다

짐승과 곤충 여린 초목들은
동장군 칼바람에 죽고
강한 자만이 긴긴 겨울잠에서 나와
새봄맞이 둥지를 튼다

얼음 응어리를 품은 땅속에서
지열이 밀어주는 힘을 받아
꽃과 잎 녹음방초 속에서
너울너울 춤추며 살아가는 생명 잔치여라.

달님 외 1편

이 근 우

세상에 아주 작은 점 하나
남들과 견주어
그다지 듬직하지도
특별히 내세울 것도 없는 흙수저

화려한 햇살의 유혹도 마다하고
어두울 때나 밝을 때나 흔들림 없이
곁에 있는 얼굴 하얀 조그만 아가씨

오랜 세월 하루같이
의지할 곳 없는 허공에서
긴 머리카락 깔깔깔 휘날리며
마주 서서 두 손 꼬옥 잡고 돌며
허공에 사랑 이야기 총총히
수놓고 있는 파리한 여인

이 생명 다할 때까지
가슴 벅차게 뛰는 심장의 파도 소리
님은 듣고 있을까.

바람 우는 소리

남쪽 먼바다에서
큰 기운이 올라오고 있다
잠을 재촉하는 야심한 시각
창밖에는 온통 망령들의 울부짖음이
사활을 걸고 다투는 길고양이들처럼
잠 못 드는 마음에 큰 파장을 일으킨다

순간 나는 어린 시절로 소환된다
생각마저 얼어붙는 추운 겨울밤
구멍 숭숭한 문풍지를 세차게 뒤흔드는
사나운 바람 소리는 망령보다 사납다

어미 고양이들 다툼에 마음 졸이는
어린 고양이들처럼 안절부절못하고
체온에 의지하는 이부자리 깊숙이 파고든다

단속원들의 매몰찬 발길질에
하릴없이 걷어차이는 노점상들의 울음
밤거리 메밀묵을 목청껏 외쳐 대는
어린 소년들의 얼어붙은 절규 소리
한데서 시위하는 뜨거운 외침 소리

가위눌린 몸뚱아리를 옥죄는 통곡 소리.

그 언덕에 가고 싶다 외 1편

이 기 종

석양빛에 젖어 노을져 오면
늘어만 가는 그리움
바람에 날려 보내고파
꿈에서나 보던 내 고향
그 언덕에 가고 싶다

굴곡 많은 인생길 걸어오며
열정과 순정을 다하지 못해
가슴 시린 시간만 쌓이는데
내 몸과 마음 편하게 받아줄
그 언덕에 가고 싶다

덧없는 세월 끝자락에 앉아
고독과 괴로움만 늘어 가니
꿈과 희망을 가슴에 품고
모진 세상사 이겨냈던
그 언덕에 가고 싶다.

나의 길

가르친다는 사명감으로 외길을 걸으며
밝게 반짝이는 지혜 담아
네 번이나 눈비 맞으니
서라벌에 학덕으로 품은 향기는
후학의 꽃 온 천지 피더이다

여생에 문학으로 문인화로
예술의 꽃 피우니
바람처럼 구름처럼 날으면서
머물 수 없던 시간 엮으며
끝을 찾던 꿈

하얀 화선지 한 장에
내 안의 꿈을 실어 보며
순백의 낭만으로
영원히 지워지지 않을
평화로운 사랑 좇는 붓끝.

세월의 속도 외 1편

이 기 태

졸졸졸 흐르는 시냇물이
세월을 강어구로 퍼 나른다
솔솔솔 부는 봄바람이
세월을 한아름 안고 온다
바스락바스락
다람쥐의 알밤 감추는
소리가 세월을 숨긴다
펄펄 날리는 함박눈은
세월과 함께 덩실덩실 춤춘다

뉘엿뉘엿 지는 해가
세월의 속도계이런가
한 장 두 장 뜯겨나가는 달력장은
세월의 아픔이다
훌쩍 커가는 아이들의 키는
무엇을 말함인가
봄 가고 여름 오고
가을 가고 겨울 오면
세월은 말한다
"나와 한번 경주해 볼까?" 라고

세월을 기다리는 자에겐 거북이걸음
붙잡으려는 자에겐 쏜살의 속도
세월은 누구의 편도 아니다
아주 공정하다.

삼복더위

파란 쌈 위에 강된장 얹어
어적어적 억척스럽게 씹어 먹으니
푸른 숲이 쌈으로 붉은 흙은
강된장으로 변신했다
온 땅을 먹고 있다

과일쉐이크 잔들이 더위와 부딪치니
더위가 지금도 있었던가 싶게
위장을 싹 씻겨 내린다
흐르는 냇물을 다 퍼마신 듯
복더위가 떠내려간다

폭우로 물방울이 차 유리창을
수백 조각으로 난도질하니
온몸이 오싹한다
더위가 수백 조각으로 갈라지니
복지경에 추위가 다가왔다.

유폐幽閉의 늪 외 1편

이 돈 배

상록의 집에서 들려오는 북장단 소리
땅의 소리를 듣고자 찾아온 관객들은
들리지 않는 귀를 만지작거린다
잠드는 시간을 잃어버린 꽃잎들
모여드는 매연에 몸을 불사르고
겉옷은 점점 검은색으로 변해 갔다
카뮈가 보낸 원숭이는 허공을 날으며
테라스 난간에 묘기의 춤을 춘다
기우는 햇살을 흔들어 깨우는 나무들
숯처럼 탄炭 흔적으로 남아 있다
물을 벗어나 뭍에 오르는 소원으로
가파른 호흡으로 승천한 물고기
물과 뭍에서 조각난 한 생애가
세상에 나와 굳은 미라가 되어
사계절 병풍에 새긴 시간을 기다린다
거친 물살 가르며, 일생을 헤엄치며
소음에 물들인 그물을 엮는 빈터에
평온이 깃든 낙원의 문 기웃거린다.

소금꽃 아름나무

호수바다는 씨앗을 담아
억겁의 시간
불멸하는 생명

뜨거운 태양에 몸 불사르고
갯바람 잠재우는
흐린 눈물

줄기 없이 피어나는 꽃
옛 상처를 메우는
하얀 열매

오늘을 시간에 절이는
천년초
고운 진주알.

산골 풍경 · 1,405 외 1편

이 명 우

달빛이 흘러가는
달빛강
달강을 보고 있다

고기들이 놀고 있는가
어른이는 그림자들

가만 보니
고기가 아니야
선녀들이 목욕을
하고 있어
내가 보는 줄도 모르고
깔깔거리네

이런
이런
이걸 우째
떨리는 이 가슴
뜨거워지는 이 가슴을.

산골 풍경 · 1,406

햇빛이 따스운 오늘

땅속에서
웅장한 함성이 울려온다

살아야 한다
살아야 한다
깨부수자
깨부숴야 한다
껍데기를 깨부숴야 한다

땅속에 묻혀 있던 씨앗들이
일제히 함성을 지르며
껍데기를 깨부수는 소리

삶은
이렇게 위대하고 경건하고
웅장한 숙명인가

새싹들이 일제히 땅을 뚫고
솟구치는 저 경이로움이여.

사리암 계단을 오르며 외 1편

이 석 란

호거산 휘어진 돌계단 올라
그믐날 만났던 운문사 사리암
나반존자 품속 추위 가는 줄 몰랐다

잎 떨어진 산줄기 수심 없이 잠들고
목탁 염주도 정좌하고 앉은 고요 속
해우소 부름에 매서운 바람 돌아치던 시간
서늘한 외진 길 가슴 다독이며 쳐다본 별빛

칼바람 담금질은 어머니 기도 다그치고
돌마루에 엎드려 소원 성취 헹군 가슴
긴 밤 고집하시던 오체투지 열성의 정진
사랑은 가슴속에 얼마큼 차올라야
발걸음 가벼워질까

돋을볕 기다리는 속세 길 가로등 졸고
무상無常 앞에 꿇은 무릎
임의 품에 건네준 숯검뎅이 한 아름.

거미줄에 걸린 달

초가집 추녀와 전봇대 사이
휘영청 추석 보름달 거미줄에 걸렸다
허공에 기둥 없이 시작한 집 마련
10미터 거리로 그물 펴고 잡아둔 둥근달

위험한 유혹
담치 기한 불나비 풀벌레도 맥없이 버둥거리는
생사의 몸부림
바람은 휘청거리며 빠져나가고

거리를 밝히는 가로등
가난이 펄럭거리던 허공
푸짐한 상 위에서
한나절 허둥거린 부엌을 바라보는
고뇌와 정성이 조상 앞에 읊조린다

달은 그물을 빠져나와
어깨 감싸며 긴 여행을 시작한다.

은행나무 외 1편

이 성 남

신륵사 은행나무
가을 살빛에서
어버이를 본다

웅장한 잎새만큼
오랜 세월
노랗게 바래며
살아온 당신

나 지금
뒷걸음질쳐 가고 싶은
어릴 적 뜨락

당신의 가을 몸빛
너그러운 품
까슬한 내 마음
묻어 두고 싶은

내 아버님 모습.

범서梵書 전시장에서

20세기 문명 속에
영겁의 순간이 끼어든 이즈녘
오지랖 넓은 스님은
가사를 펄럭이며
윤회를 왼다

태고 속으로
빨려 들어간
숭고한 영혼
가사는 순간에 묻혀
영원을 치닫는다

세월에 흐트러진 고뇌
발돋움으로 이어 온 정념正念
다시 또
문명 속에 담그어진 고결함

영겁을 이어
가사를 펄럭이며
순간에 머문다.

점 하나 외 1편

이 순 우

일인日人 작가 구사노 심뻬이[草野深平]
'겨울 잠'이라는 제목 밑에
점 하나 딱 찍어 놓고
눈 덮인 황야에 외로운 인생 하나를 표했다

나는 역사의 빗금 위 파리똥 하나 인생이라 했다
파리란 놈 인생을 세상을 점 하나로 규결시켜
시치미 떼고 도망가다니

점 하나에서 태어나 점 하나로 돌아가는 인생
점 하나의 마침표는 새로운 시작을 위한 것
점 하나 속 세상이 열리고 우주가 열리고
점 하나의 나의 인생
내 육신은 내 것이려니 했는데
그 육신을 위해 평생을 헌신하고 투자했는데
소유권은 하나님이 아닐는지

발레리는 말하길
저 바보 같은 미래란 놈 결국 죽음이라니

파리똥 지우면서 비가 내린다
비에 젖은 대지를 말리면서 바람이 분다
해님이 웃는다.

내 영혼의 불꽃

내 밀랍 초일 때
그대 성냥불 되어 주오

가슴에 잡힌 불
너무 뜨겁지 않게
고요히
흐르는 촉루로 눈물로
황홀하게 황홀하게
그리움으로 타들어 가
걸음걸음 고운 추억의 그림자들

이 세상에서
나를 아껴준 사람들
내가 사랑한 사람들
고운 불꽃으로
그렇게 그렇게
다 타들어 가
고운 이슬로
유형과 무형 사이
영원으로 이어지는 길목
저 하늘 별을 담아 영원히 빛나라.

추억의 향기 외 1편

이 양 자

야무진 줄기 곧추세우고
기다란 잎
텃밭에서 자랐다

벗기고 또 벗기고
수염까지 깨끗이 씻어
쌀 위에 얹는다

잘 익은 옥수수
단맛 고소한 맛
미소가 살아났다

빼빼한 알갱이
톡톡 씹힌 여름 간식
닿을 수 없는 시간들
가슴속에 남아 있다

벅찬 기쁨 달래며
다독다독 다독여 주던
깊숙히 묻어 둔 어머니 사랑
은밀히 새긴 그리움

찰진 쫀득이 단백하고 순한 맛
다시 볼 수 없는
그 시절의 아스라한 행복.

산수유마을

지리산 자락
옹기종기 모인 산동마을
그윽한 설렘으로
노오란 햇살 머금고
산수유 군락지 품고 있다

겨울 깨운 첫인사
봄옷으로 갈아입고
수줍은 듯 살포시 피어나는 가슴
봄마중한다

가장 먼저
봄이 오는 동래
노랑빛 물결
굽이굽이 덮고 있다

산등선 산비탈 고즈넉한 돌담
마을 어귀 그 어디에도
봄이 내려앉은
고고한 자태 일렁인다

물러날 줄 모를 한기
답답함이 뻥 뚫린 듯
소박한 꽃향기 그 모습 그대로
그리움 맞이한다.

그리움 외 1편

이영례

어부바하는 동심
떠오르는 얼굴 이야기들
쌓아 둔 볏짚단처럼 연하다

봉숭아 물든 얼굴, 손가락
마당엔 온몸 휘감는
마른 잎 타는 냄새와 연기
굴뚝엔 윤기 어린 밥 내음
부엌엔 메뚜기 굽는 개구쟁이 내음
사랑방 아궁이엔 아랫목 데우는 수증기
돌담 사이로 유유히 돌아나가는 구렁이

자갈 밟는 소리
대나무 스치는 소리
하늘 향해 거침없는
싸리문 밖 아이들 웃음소리
우물가 쑥 찧는 소리
긴 담뱃대 물고
밤싸라기 건네주는 할머니 미소

아, 불 켜지는 가슴
선선한 공기 마시는 그곳
내일도 먼 내일도
웃고 있는 나를 본다.

초가을

하늘은 만물을 품고
마음이 하늘을 품다

과실이 한 톨 한 톨 익고
곡식이 알알이 차오르고

매끈하고 영롱한 햇살이
어디서나 눈웃음치고 있구나.

인생의 길을 묻다 외 1편

이영순

힘들다고 포기하지 마라
아침에 해가 뜨면 밤이 오더라
살다 보면
뜨는 해 속에
몸살 나게 행복하다가도
돌부리에 걸려
넘어지기도 하고
개똥도 밟을 때가 있더라
그렇게 살아가는 게
누구라도 우리네 삶이더라

생각도 마음도
깊어지고 넓어지는가 하면
이미 힘없는 늙은이가 되고
고샅길에
마실 나온 바람에게
또다시 길을 묻는 게
우리들 인생이 아닌가.

그날의 기억이

벚꽃이 흐트러지게 피던 날
너와 나의 손을 잡고 거닐던 곳
흩어지는 기억 속에
바람에 쓸려 보내기엔
지난날의 모든 기억이
너무 아까워….
봄바람 속에 또다시 피네
따뜻한 그날의 너와 나의 기억이,
바로 그 기억이
숨이 막히도록 그리움으로 번지는 봄바람.

맑고 밝은 산정호수

이 우 재

칠갑산 길게 누운 맑고 밝은 산정호수山井湖水
하늘도 파랗게도 고운 얼굴 예쁘게도
온 정성 쏟아본 마음 빛발치며 춤추다.

공주로 연한 정산 목면한치 둘러보며
파랗게 물든 호수 큰꿈 키워 정 보듬어
해와 달 고운 맘 안고 산정호수 꿈 펴다.

탕춘대성 蕩春臺城 외 1편

이 은 협

잡목 속에
개나리 진달래꽃 흐드러지게 핀 봄날
산길 굽이굽이 돌아
탕춘대성에 올랐다

허물어지고 상처가 많은 성
빗장 풀어놓고
개미 떼처럼 줄지어 넘나드는 수많은 산객들
맞이하고 보내는 좁다란 성문이 바쁘다

외롭고 쓸쓸하게 보낸
수백년 세월 생각하면
옛 서러움이 생각나 왈칵 울음을
터트릴 것 같은 날

외마디 장끼 홰치는 소리에 놀란 산골짜기
초록 물 퍼 올리는 소리 도란도란한데

저만치 멀리 서 있는
비로봉 향로봉 위에
떠 있는 하얀 뭉게구름
탕춘대성에 올라 잠시 쉬고 나를 보고
이리 와 보라 손짓한다.

아내

엄마하고
부르는 소리만 들어도
가슴 뭉클해지고
눈물 어린다는 아내

엄마는 영원히 죽지 않고 언제까지나
살아 계실 줄 알았다고 눈시울 붉히는 아내

유복자로 태어나
아버지 얼굴 한번 못 보고
불쌍하게 자란 해방둥이 아내가 가엾다

젊은 나이에 남편을
일본 전쟁에서 잃고
홀로 힘들고 외롭게
가난을 좁은 등에 지고

남편 없이 4남매를 키운
엄마를 생각하며 가끔 눈물을 보인다

일을 잘못했을 때도
몸이 아플 때에도
어려운 일이 있을 때에도
잠을 자다가도 엄마하고 부르는 아내

자식을 위해
모든 희생과 헌신과
사랑을 아끼지 아니한
엄마의 길을 따라
희로애락 가슴에 안고 60년을 하루 같이 살아온 아내
구부러진 허리에 아기 걸음 하는 아내
주름져 가는 얼굴에서
진정한 엄마의 모습을 본다

엄마는
무엇이든지
이해하고 용서하고 사랑하는
높은 하늘이고 깊은 바다이고
드넓은 땅이라 생각했다며
불효를 후회하는 아내
한없는 엄마 그리움에 오늘도 꿈결에
엄마하고 불렀다.

연등 외 1편

이 장 옥

피지 못한 꽃 연등

그저 작은 바람에도 춤을 추는 연등
그러나 나에게는 풍파風波 막아 주는
연등

꽃잎 사이로 내 몸 태우며
작은 소망 하늘로 올려보내면
그 목소리 들려올까
두 손 모아 빌고 또 빌어 보며
간절하게 두 눈 감아 혼잣말로 울부짖어 봅니다

작지만 나에게는 커다란 연등
소소하지만 행복한 연등

세상 가련해도
그저 화려한 불빛 없이
마음에 소리 전하는 연등

오늘 난 연등 하나 띄워 보냅니다.

5월의 장미

대지의 사랑과 아픔을 품고
붉은 장미 한 송이 피었습니다

곱디고운 붉은 장미
꽃송이 속 슬픔 아픔 들킬까?
가시로 몸을 감쌉니다

가시로 감싼 슬픔 들여다볼 수 있는
그런 사랑을 찾습니다

가슴이 시켜 몸으로 품어 보려 합니다

나는 보았습니다
꽃송이 안의 슬픔을
피눈물 흘려 붉은 장미가 되어
겉으로 화려하게 보이려 하는
그대의 마음을 보았습니다

남은 꿈마저도 주려 한데
붉은 장미의 마음도 모르고
그저 상처만 주네요

그렇게 5월 4일 장미 한 송이
가슴으로 내 안에 품었습니다.

청설모 외 1편

이재성

이 나무에서
저 나무를 건너뛰는
아니 획획 나는
묘기

30년 심어 가꾼
잣송이 따굴리는
불청객

자연 보호란
미명 아래
가마 끄는 농부
가마 타는 청설모.

고대산

토끼 길 따라
오르라치면
골짝엔
신선의 놀음 자취
귓가에 스치듯
산새의 음색으로
마음을 열라 하네

하늘과 땅 사이에
솟은 산
구름 타고 오른 듯
정상에 서면
망향의 땅
아득한 뫼 뿌리들
새로 날고픈 꿈이여.

내 거할 곳 외 1편

이 정 님 ^{이룻}

내가 푸른 혈맥血脈
그 맑은 강으로 흘렀을 때
내 숨소리는 모두 노래였지

내 입술이
붉은 꽃잎이었을 때
내 목소리는 모두
황홀한 향기였었지

어느덧 강은 마르고
노랫소리 그쳐
추억은 귓속에 갇혀 버린 지금
부르는 임의 손짓 바쁘니
내 서둘러 떠나야 하리

미움보다 사랑이 많았던
절망보다 소망이 많았던
이제 슬픔도 아름답게 앓아야 할
세월 되었음에
어둠 훌훌 털고 떠나야 하리
임이 부르는 그곳으로.

나도 너처럼

내가 지나온 흙담 모서리
탐스럽게 피었던
국화가 시들었다

한철을 꽃으로 살다가
세월의 무게에 머리 숙인
나 닮은 꽃 한 송이

길에 서서
함께 울어 주며
더불어 살아온 땅의 은혜
나도 너만큼은 알지

머잖아 까마귀 울고
흰 눈 조용히 쌓이면
땅에서 이루어진 모든 것
모두 홀홀 털고
내 모퉁이 길을 가볍게 돌아가려니

나도 너처럼
향기와
아름다움으로 남을 수 있을까.

고향의 향 외 1편

이 정 자

꽃처럼 아름다운
누렇게 익은 감과

돌담을 돌아들면
구수한 숭늉 냄새

아련한
고향의 향이
가을 따라 오네요.

바다 풍경 · 2

윤설로 일렁이는
은빛 바다 그 너머로

선율이 펼쳐지는
아스라한 꽃 빛 연주

눈부신
모래밭에서
고운 시를 읊는다.

만남과 이별 외 1편

이 종 문

오다가다 만난 사람
친해지면 그리웁고

가다오다 친해진 사람
떠나가면 더욱 그립고

인생길 오가며 만남은
이별의 전주곡.

유쾌 상쾌 통쾌

별을 따라 달을 따라 새벽 산을 오른 뒤
해님이 떠오르면 그 품에 안겨 본다
아침놀 희망의 품에
포근하게 안겨 본다

해님은 아침부터 골고루 나눠 준다
얼굴에 가슴에 해님의 크나큰 은덕
가슴이 벅차오르게
희망으로 안아 본다

상쾌한 아침 산을 경쾌하게 걷노라면
온 세상이 내 것이고 지구가 내 것이 된다
날마다 새로워져라
유쾌 상쾌 통통쾌.

재를 넘으며

이 종 수

길은 굽이굽이 산 너머로 멀고 험한데

산사의 뒤안길로는 산바람이
스산하게 재를 넘고 있네

산의 주봉은 우뚝 솟고 청태青苔 낀
웅숭깊은 저수지의 고요한 수면에는
산山 그리메가 천년 고독의
무게로 깊고 묵묵히 수몰해 있네

햇빛을 가리는 고요한 수림 속의
오랜 정기를 밟으며 재우치는
산객山客의 발길은 가벼운 듯 무겁고

어디선가 딱따구리는 죽은 나무에
날카로운 주둥이로 소란스럽게 구멍을
판다. 산사나무에 앉아 깝죽대며
굽신거리고 까불대던 박새가 홀연히
날아간 궤적을 응시하며 산의 정령精靈들이
관장하는 숲의 세목細目을 읽고 있네

고찰 법당에서는 노승의 독경
소리가 고요한 산간에 물안개처럼
자우룩하게 퍼지고 있는데

개울물 징검다리를 기우뚱 밟고
지나가는 행자의 승복 자락엔
봄바람이 아지랑이로 남실거리네

관목숲은 오솔길로 꾸불거리고
산모퉁이에서 장끼 한 마리가
제풀에 놀라 산간의 적막을 가르며
건너편 산자락으로 수평 비행하고 있는데

유유창천悠悠蒼天에는 부운浮雲
몇 점이 꿈결처럼 흘러 떠가고 있구나.

바다와 낙타 외 1편

이 지 언

무작정 나선 길이 이리도 험한지 몰랐다
누구에 이끌림도 없었던
스스로 무언가를 찾아 나선 길
왜, 무엇 때문에
이 길 위를 걷고 있는지 모르겠다

이렇게 척박하고 무미건조한 길 위에
나에게 오아시스란 그 어디에도 없다
단지 이 길 끝에 기다리고 있는 건
눈물과 죽음뿐이라는 걸 알면서도
매일 꿈을 꾼다

손 끝에 와닿는 시원한 바닷바람
단 한 번이라도 저 파도 위를 달려보고 싶다
마지막 숨을 몰아쉬다가
한 줌 재로 먼지 속에 사라질지라도
나도 한번쯤은
누군가의 가슴을 뒤흔드는 저 물살,
그 위로 내 혼을 바치고 싶다.

나무에게

은은한 향내를 품은 채
그 향기 들키지 않으려
꼭 꼭 속내를 묻어 두고
메마른 산과 들을 하염없이 바라본다
담벼락에 기대어 눈물을 글썽이며
붉은 열매들을 떠나보내는 널
모른 척 외면할 수 없었다
뺨을 할퀴듯 지나간 겨울바람마저
돌아오기를 기다리는 네 초조한 눈빛
사라져 가는 것들에 관한 기억을
애써 지우고 싶지 않은 너
이해할 수 없던 눈빛도 떠오른다
나도 네 품에 안겨
길고 차가운 들판에서
오로지 너만 생각하고 싶다.

고란皐蘭 외 1편

이 진 석

응달진 돌틈 사이
고란초皐蘭草* 몇몇 포기
숙연히 여민 옷깃
삼천三千*의 절개인 듯
모질고 긴 세월에
그 더욱 푸르고나!

사비성泗泌城 외진 곳에
빼어난 곧은 정절貞節
사시四時에 푸른 모습
볼수록 정情이 솟네
강*물도 이 곁에선
쪽빛으로 흐른다.

※고란초: 고란초과의 다년생 상록양치식물 그늘진 바위틈이나 낭떠러지에서
 자람
※삼천: 삼천궁녀를 뜻함
※강: 백마강을 뜻함

상사화 相思花

누구를 향한
그리움이 깊어
이름도 애절한
상사화가 되었나

꽃이 필 때는
잎이 없고
잎이 필 때는
꽃이 없어
붙여진 이름 상사화
이름만 보아도
그리움이 묻어난다

꽃이 풍성해 보일수록
더 아름다울수록
외로움도 그리움도
더욱 깊어만 보인다.

징 외 1편

이 처 기

담금질로 배인 이랑 부시시 일어난다
촉촉이 식어 간 수척한 혈관에
머금은 시름의 여울 녹이 되어 내린다

용마루 언저리에 비로소 빗장 풀어
주름펴 원을 엮는 넉넉한 메아리로
긴 갈증 가슴을 열고 풀어 보는 옷고름

접어둔 사설들을 새빛으로 두드리고
한마당 열린 문에 펼쳐보는 너름새
풍장 질 진한 울음에
기별 오는 백의白衣여.

마스크 썼어도

마스크 썼어도 이대로 넘어질 수 없다
아직은 못다 부른 노래가 남았구나
또다시 일어서 보자, 꿈을 꿔 보자

기다리는 관객에게 전할 게 여기 있다
눈빛이 오고가는 마음의 자유 천지
마스크 아직 썼어도 내일을 기다리자.

바늘꽃 외 1편

이 태 균

무엇을 지키려
한 생애 모질게 허리를 졸라맸나

무엇을 보이려고
긴 목 위로 연지 곤지 내밀었나

이제 보니,

흔들흔들
다 지우고

경계도 없는
바람이고 싶구나.

길고양이 독백

우리는 늘 시간 사이를
머물 듯 건너고 있다

오늘도 부르튼 하루를
흔들리며, 흔들리며
잘 지켰다고 소리치는 발자국들

낯선 담벽을 만나
의지도 하고
눈보라 칠흑의 밤을 한 발씩 당겨
방향 모를 행간을 마냥 핥고 있다

이명처럼 쌓인 기억들은
허공에 걸어 놓고
지친 눈동자로 다리고 다리며

성성해진 별들을 일으켜
새로운 내일을 또 두드려 본다.

낙화 외 1편

이 한 식

아뿔사 지는 꽃이
아련함이여

보석이 빛나는 듯
피어났는데

보고도 믿지 못할
세상을 인심을

꿈인지 생시인지
알 수 없어라

눈부신 송이송이
곱고 곱더니

뚜욱뚝 떨어지는
눈부심이여.

아하※

어느 날 문득
당신을 바라보니

오랜 세월로
곱던 얼굴은 간데없고

그늘진 두 눈가엔
주름만 쌓여 가네

어쩌다 저리 되도록
내 몰라라 살았나

무심코 흘러간 세월
장탄식만 깊은데

늘그막 서글픈 마음
가눌 길이 없어라

여보, 정말 고맙고 감사하고
미안하오. 사랑합니다.

※아하: 미처 생각하지 못한 일을 깨달아 느꼈을 때 내는 소리

가을의 정념 외 1편

장|동|석|

햇살이 쨍쨍 직립으로 쏟아져
낙엽이 불그스레 물든 숲
꽃잎은 누가 봐주지 않아도
빙그레 웃고 예쁘장하게 화장을 한다

하늘을 속내에 들여놓고
가을 찬바람에 세속으로 무늬 질 때
신비의 상징처럼 다가와서는
세월은 소용돌이 속에서도
휘적휘적 꿈을 꾸듯 흘러만 가고 있다

빛바랜 나뭇가지에 앉아
계절의 허무를 달래고 있는 멧새들
그리움은 아무나 생기지 않는다는 듯
한 가닥 격조 높은 가락으로
이 풍진 세상을 노래하고 있다

한갓 휘몰아치는 찬바람에
삶의 무게를 내려놓고 여울져 갈 때
가을은 뭐하나 가진 것 없어도
새롱새롱 생의 뒤안길을 돌아보고 있다.

성냥개비

조그만 감옥 속에
한 모퉁이 머리통만 끼리끼리
빼곡한 틈으로 모퉁이를 가지런히 눕히고
말없이 애정을 키우고 있다

그 사랑 앞에서
간절한 마음을 전하지 못하고
온통 화염을 가득 채운 채
어둠을 밝힐 진한 향기만을 간직하고

온 밤을 통째로 불 밝히고
이 세상 대낮처럼 밝게 달구어 낼
찬란한 눈빛으로 두 가슴이 맞부딪쳐 점화하는 날
그때를 손꼽아 간절히 기다리며
빈 가슴으로 잠들지 못하고 뒤척이는가

긴 침묵 속에서
현란한 빛 가득 산화할 날들이
마음 깊이 웅성거릴지라도
기회를 엿보는 어릿광대 모습을 하는

어두운 감옥 속에
한 세상 눈부시게 밝혀 주고
가장 아름답게 소멸될 마지막 사랑을 위해
평생을 감옥에서 보내고 있다.

참되고 지혜로운 삶 외 1편

장 동 수

악함을 악함으로 이기는 삶이 아닌
악함을 선함으로 이기는 삶이기를

미움과 증오를 미움과 증오로 이기는 삶이 아닌
미움과 증오를 사랑으로 이기는 삶이기를

거짓을 거짓으로 이기는 삶이 아닌
거짓을 참으로 이기는 삶이기를

모욕을 모욕으로 이기는 삶이 아닌
모욕을 인내와 공손한 언행으로 이기는 삶이기를

불의不義를 불의로 제압하는 삶이 아닌
불의를 정의正義로 제압하는 삶이기를

권력을 권력으로 군림君臨하는 삶이 아닌
권력을 법치法治와 민의民意가 존중되는 삶이기를

부富를 부로 행복하는 삶이 아닌
부를 나눔과 베풂으로 행복하는 삶이기를

삶이란 한 조각 구름이 피어나고 사라지는 실상이기에
생명의 불꽃이 다할 때까지
참되고 지혜로운 삶으로 살아가는 나그네이기를.

달빛의 속삭임

달빛을 부으리 심장에 부으리
어둠 속에 몰랐던 너
달빛 아래서는 나임을 알겠네

어둠 속 삶이 힘들다고 말하지 않으리
보름이 되면 달처럼
심장에 달빛이 가득 차기에

달빛이 속삭인다
이제 덧셈보다 뺄셈의 삶을 살아가란다
마음의 평안은 달빛 이르는 곳마다
꽃잎처럼 열리게 된다고.

말의 그늘 외 1편

장 문 영

세상엔 영혼 없는 말들이
허공에 난무합니다
정착지 없는 말
공중에서
먼지처럼 떠돕니다

허망한 시간이
말에 휘둘려
분침과 시침은
피곤을 느끼네요

비수 같은 말은
분노와 증오심을 부추기고
진한 외로움에 휩싸여
마음의 어두운 그늘을 만들지요

날카로운 언어가
활촉으로 날아가
뉘 가슴에 깊숙이 박혀
고독한 씨앗이 싹터
암덩이 만들지는 않았는지요?

예쁜 단추

단추들의 행렬
어엿한 역할과 상징

누군가에게 여밈의 미
장식도 되고
바람막이 역할도 하지

마음 창을 꼭 채우면
다가갈 수 없는
오해가 생기지만

답답할 때
서로 가슴 창문을 열면
소통 이해의 통로가 되지요.

연홍사를 찾아서 외 1편

장 영 규

군유산 중턱에 자리잡은 오랜 사찰
창건의 미상으로 사적기 알 수 없고
탑 주위 돌아가면서
복을 비는 보살님

초여름 가득 실은 노령산맥 푸른 정기
석탑 조성 신조불 고려 시대 추정하고
다투어 찾아온 신도들
마음공부 하는 이들

왜병의 정유재란 옥당고을 휩쓸고
피해를 입은 사찰 명승지로 태어나고
불법을 전승 전파하며
영원히 살아오셨네.

조운 선생 생가

고향 땅 시조계의 거듭난 생가 찾아
한 시대 빛내시던 시인은 간 곳 없고
그분의 흔적이 묻은
거듭나는 석류나무

새 시대 기운에서 피워낸 시의 꽃
가슴이 뭉클하는 주옥같은 작품들
아직도 맴돌고 있네
박수갈채 많이 받고

드나든 숱한 바람 잡초만 키우고서
텅빈 집 적막 속에 남겨진 시편들만
선생님 가시었어도
가슴속에 살아 있다.

제주 김녕의 바닷가 외 1편

장|인|숙|

까만 현무암으로 울퉁불퉁 둘러친
제주 김녕의 바닷가

바람, 여인, 돌 삼다의 고장인 이곳에
태풍의 계절이 지난 때문일까
바람기 없는 11월 초의 바다는
고요하게 물결지고 있다

4시간마다 밀물과 썰물이
교차한다던가
썰물이 지나간 바닷가를 동생들과 거닐며
비닐봉지에 아주 작은 새끼 소라고둥도 주워 담고
물 고인 웅덩이 바위에 붙어 자란
우뭇가사리도 뜯어 담아
해녀 아닌 해녀의 경험도 하며 행복을 느껴 본다

깜깜한 밤바다 위에 여러 개의 달이 뜬 것처럼
휘황찬란한 갈치잡이 어선들의 불빛
이 맑은 해변의 창공으로 스모그를 피해
떼 지어 피난 온 도시의 별무리들이
수많은 보석으로 무늬를 놓고 있네

사랑하는 사람을 하늘로 떠나보내
아린 가슴으로 살아온 몇 년의 나날들

하늘을 우러러
하나하나 별들을 헤아리며
언젠가 나를 마중하러 올
그 사람 별을 찾아본다.

인디언 서머

비가 될지
눈이 될지
올똥말똥하는 초겨울의 하늘은
검은 구름이 덮쳐 을씨년스럽기만 하다

어쩌면
싸늘한 바람이 휘젓고 있는
내 가슴도 저리 답답함이라

늦비나 첫눈으로 하늘이 풀리면
겨울이 시작되어
차라리 추위가 깊어지면
도사리는 준비로
매사에 강해질 수도 있으려니

그 이전에
북아메리카에 가끔 나타나는
인디언 서머처럼
겨울이 오기 전
따뜻한 옛 추억으로
잠시 가슴을 데워 갈무리하면
앞으로 살아갈 추위에
많은 위안이 되겠지.

사랑하는 그대에게 외 1편

장 형 주

꽃이 진다고 서러워 마라
꽃이 지기 전 활짝 피었음을
세상 사람들은 다 알고 있다

활짝 핀 것이 지는 것은
하늘의 이치
슬퍼 마라 아파 마라
우리도 한땐 청춘이었다

지는 꽃 가엾다고
눈물 흘리지 마라
너 또한 그런 것

인생이란
젊음은 가고 늙음만 남는 것
우리도 한땐
활짝 핀 꽃이었다.

아버지의 술잔

아버지의 술잔에
무엇이 담겼기에
얼굴이 저렇게
붉으락푸르락 변하는 걸까

아버지의 술잔에
무엇이 담겼기에
콧구멍 속으로 저렇게
한숨만 들락날락하는 걸까

아버지의 술잔에
무엇이 담겼기에
입 밖으로 저렇게
한 맺힌 울부짖음이 들고나는 걸까

아버지의 술잔에
무엇이 담겼기에
아버지의 심장은 저렇게
숯검정이 되는 걸까.

봄을 맞으니 외 1편

전 병 철

이젠 벗어 버리자
얼고 감추었던 시간을
초가지붕 위로 날려
이엉 속으로 감추자

움트는 생동감이
용틀임하도록 환호하자
납작 엎드려 숨죽이고 있는
추위에 젖은 몸

씻어 주자 그리고 덮어 주자
삶은 한 번이다
두 번을 만들지 말자
흐름도 짧지 않고 길게

그간 안으로만 담아 둔
입김이 밖으로 나들이한다
오늘은 허공에다 그려지누나
탄생을 잡으려 일어서는 우리네

함께하는 흔적으로 하나 되는 봄.

마늘을 깐다

저출산으로 시끄럽다
다 본인 의사인데
왜 그렇게 난리인지
젊은이가 부담스럽구나

내 자식 낳고 싶지 않은 이가
어디 있을까
결혼해서 무의미하게 산다면
아마도 돌아서서 속으로 울리라

일부러 그럴까
먹고 사는 게 더 중요한 만큼
이 악물고 귀를 막는다
대신 부풀게 해 줄 자가 있을까

눈물을 흘리게 한다
여긴 이렇게도 다자녀인데
사는 게 별 것 아니건만
극명하게 비교가 되는 게 아닌가

머물지 마라. 과감하게 베풀어라. 따른다.

고향 새 외 1편

전 석 홍

낮이면 울어댔다 뻐꾹뻐꾹 뻐꾹새야
밤이면 울어댔다 소쩍소쩍 소쩍새야
뒷동산 이리저리 옮겨 다니면서

할머니 무릎에 누워서 들었다
어머니 베틀 옆에 배 깔고 들었다

고향 집 소리 고향 새 소리
어릴 적 내 나이테에 옹이로 박혔다

어디선가 그 소리 귀청을 깨우면
아득한 향수 안개처럼 피어오르고
할머니 어머니 그리움이 온몸을 휘감는다.

9월 하늘

파아란 하늘이
창문을 열고
아스라이 대지를 내려다본다

내 마음 호수엔
어느새
새파란 하늘물이 고여 출렁인다

어머니가 무명활로 타 놓은
하얀 솜구름
지워져 버린 내 소년의
꿈을 싣고 느릿느릿 흘러간다

내리쬐는 갈볕에
익어 가는 볏모개
살랑살랑 순금 물살을 짓는다.

가을이 가기 전에 외 1편

전 윤 동

하얗게 핀 구절초
내 영혼 같은 들꽃을
한아름 당신께 안겨 드리오리다

새벽 솔향 가득 담은
송이전골 한 냄비
코끝 시큰하게 끓여 올리오리다

당신 마음 소주잔에
내 눈물 결정 참소주
찰랑이도록 부어 드리오리다

인생은 한 편 영화
슬프고 기쁜 이야기
당신과 나 함께 관람하오리다.

모닥불

혼자서는 타오를 수 없는 운명
너와 나 우리가
함께 있어야 뜨겁다네

처음엔 몇 개비 잔솔가지
하나둘 더해져 한 무더기
우리는 뜨거운 우정으로 모였네
오래오래 꺼지지 않는
아름다움이길 바랐네

하지만 활활 타던 친구는
하나둘 어두운 허공으로 튀어
반딧불이 몸부림하며
저 하늘로 날아갔네

사막의 밤 같은 모래밭에
나는 마지막 불씨
홀로 온기를 지키려니 외로운데
산 너머 무덤에 별똥별이 지네.

유년幼年의 강 외 1편

전│현│하

비단처럼 아름다워 금강이라 했던가
허기져 고기 잡던 지나간 한 시절이
기억의 세월 저편에
사금으로 반짝인다.

연초록 능수버들 강변에 출렁일 때
물수제비 뜨던 친구 어디서 무엇하나
지금도 영혼에 남아
삶의 의미 던져 준다.

모천을 다시 찾는 연어의 회귀처럼
언제나 가고픈 그 시절의 모래톱이
먼 기억 바람을 타고
은비늘로 파닥인다.

봄비

메마른 대지에 갈증을 풀어 주니
웅크렸던 계절 가고 아지랑이 피어나고
새싹도 고개를 들고
환한 웃음 짓는다.

겨울나무 묵은 때는 아직은 못 벗어도
훈풍에 잠이 깬 생강나무 꽃 피우고
진달래 봄의 전령도
숲속에서 웃고 있다

꽃 피고 새 우는 봄은 오고 있는데
얼마를 기다려야 내 마음에 봄비 오나
오늘도 터엉 빈 가슴
빗줄기에 실어 본다.

거미줄 외 1편

정 권 식

거미는 오늘도 집을 짓는다
대대로 내려오는 설계 도면에 따라
베를 짜듯이 촘촘하게 집을 짓는다

공사 현장에서 인부도 없이 혼자서
집을 짓는다. 오로지 거미줄 하나만으로
아름다운 집을 토해내고 있다

감리도 없이 혼자 북 치고 장구 치고
다한다. 어쩌면 집의 개념보다도
생계 유지를 위한 직업인지도 모른다

낚시 하나로 세월을 낚는 강태공처럼
보이다가도 때로는 갯바위에 앉아
물고기를 낚는 낚시꾼으로도 보인다

거미는 좋겠다
먹이를 구하러 멀리 가지 않아도 제 발로
먹이가 찾아오는 재택 근무를 하고
있으니 이보다 더 좋을 수는 없다

거미는 집을 짓는 게 아니라 인생을
배우는 나그네는 아닐까.

가을이 남긴 낙엽

모두가 떠나가고
쓸쓸함만 남는 빈 의자엔
오늘도 낙엽만 쌓이네

왠지 실연이라도 한 듯이
홀로 빈 의자에 앉아 보면
외로움이 더하네요

어깨 위로 쏟아지는 낙엽이
가을을 말해 주네요
가을은 외로움이라고.

사스레피 가지에 달린 객수 외 1편

정|성|완|

분당 고속화 도로 성남 초입
'당신은 소중한 사람'
잘 오시라는 오랜 침묵의
고릿한 묵향墨香의 손짓

사스레피*꽃에 대한
아련한 향수 일다
사람을 안정시켜 주는 향이다
진향 풍겨 파리 떼를 불러 수분하는
하얀 망막 뒤편에 새겨진
생경한 그 모습

거친 바다 지나온 여수旅愁 때문일까
고간股間에서 뿜어내는 고향스런 향 같구나
아, 지난 것들은 모두
꽃물 같은 추상追想인 것을.

※사스레피(무치러기) 나무는 다년생 초본으로 바닷가 산기슭에서 서식한다. 키는 2m 정도이고 잎은 두껍고 잔톱니 모양이다. 3~4월에 누런빛이 도는 흰 꽃이 아래로 향해 다닥다닥 붙어 있으며, 구릿한 냄새가 나지만 살균 효과, 마음을 진정시켜 주기도 한다. 가을에 콩알 같은 열매를 맺으며, 겨우내 새들의 먹이가 되어 씨앗을 퍼뜨린다. 이 꽃은 다른 꽃들과 달리 벌 대신 파리를 유인하여 수분한다. 꽃말은 '당신은 소중합니다.'

수크령
—결초보은

2018년 5월 15일 아침
"오늘 자네로부터 60년째 전화를 받고 있네
이건 스승의 날 기적이 아닐 수 없네"

내 삶에 특별한 의미가 있는 은인 몇 분 계시다

산책로에서 수크령 앞에 멈추어 서다
퇴색되어 가는 마음 다시 꼭꼭 묶는다
은혜를 꽁꽁 묶는다.

갈대 외 1편

정 성 채

봄은 봄대로
다소곳이 수줍은 처녀
여름은 한낮 정열을 머금고
밤마다 별들과 짝짓는 요부妖婦.

가을 소슬한 바람에
은빛 머리 풀어헤치고
임을 여의는 처연凄然한 청상青孀의 나부裸婦
비록 휘어질망정 꺾이지 않는 절개節概의 여인이여.

타인他人

불꽃처럼 타오르는 열정
담쟁이 넝쿨처럼 부둥켜안고
전율하는 넋

밝은 빛을 밀어내고
어두운 밤을 맞아
승천昇天을 꿈꾸는 영혼

한쪽 살을 에어 내어 불사르면
꽃이 피고 열매 맺어
싹 틔울 줄 알았는데…
아니 아니 그것도 아니
그래서 언제나 타인이여

안개에서 비가 걸러지는 거리
구름의 넓이를 알 수 없는 하늘
바다의 등을 넘어
땅 끝을 방황하며
손바닥에 빛을 채우고자 하는 몸짓

빛이 머무르는 곳으로 가는 길은
과연 어디에 있는가?
바람 부는 언덕에서
망연히 한낱 입김으로 서 있을 뿐!

11월의 기도 외 1편

정수영

하얀 머리 억새풀 사이로
세월 따라 나서는 11월
이 해 남은 시간 매순간마다
최선으로 넘치는 11월 되게 하소서

아무 열매 없이 스러져 가는 잡초가 아닌
속 꽉 찬 김장 배추 닮은
가득 채움의 11월 되게 하소서

속 텅 빈 강정이 아닌
알토란 같은 믿음의 열매 가득 찬 삶으로
주님의 기쁨 되는 11월 되게 하소서

자신을 다 내어 주는 나목裸木 닮아
후회 없이 이웃을 섬기고 사랑하여
한순간도 자투리 없는 삶으로
주님의 영광이 되는
11월 되게 하소서.

영원한 꽃향기

폭풍우가 지나간
싱그러운 봄날
고운 햇살 머금은
산야에 핀 수많은 꽃들이 뽐내며
향기 날리기 대회를 열었지
수단과 방법이 아주 다양했어요
입술에 묻히는 벌 나비 녀석들
새 날개에 묻혀 바람에 날리고
들짐승 몸에 뿐 아니라 사람들의
몸도 이용하는 녀석들도 있었지요
그중 천리향 만리향 꽃은
내가 최고라 어깨 으쓱하며 뽐냈지요
땅 끝까지 퍼져 나가는
예수님 영원한 사랑의 향기가 있는 줄
꿈에도 모르고 말예요.

고향 산 외 1편

정 영 의

고향 하면 월악산
고향 내음이 물씬 풍기고
정기가 넘쳐
보고 싶은 산아
두 팔로 껴안아 주고 싶구나

너는 누구이기에
불러도 대답이 없고
소리치면 메아리만
무심히 우뚝 서 있는
어린 시절 나의 친우

너는 말이 없는데
나홀로 좋아하니
너는 나의 짝사랑
지금도 잘 있지
그때 그 시절처럼
다시 만날 때까지
안녕….

웃으니 즐겁구나

웃자 웃어
웃고 살자
하하하… 호호호…
웃으면 행복하고
웃으니 즐겁구나,
웃으면 즐거운
일이 생긴단다

웃자 웃어
웃고 살자
하하하… 허허허…
두 손을 마주잡고
손뼉을 마주치며
근심 걱정 떠나도록
실컷 웃어 보자

웃자 웃어
웃으면 복이 온다
하하 허허 히히 호호
가슴을 움켜잡고
마음껏 뒹굴면서
소리치며 웃었더니
행복이 찾아왔네
이것이 즐거운 인생이다.

들꽃 외 1편

정｜옥｜화｜

소리 내지 않고
사랑 받는 법을 보면서

하늘빛 꽃잎
물드는 마음

흔들리면서 향기 보듬어
베푸는 모습
너에게 배운다
그리고
마음 베이면서
비워 내는 용기까지도.

잡초

주인공 옆에서 조연으로 산다
때로는
주인공 되고 싶어서
햇살에 온몸 색칠해 보지만
주인공이 내 모습 가린다

언젠가
계절 한 모퉁이에서
하늘 맘 담아 살다 보면
잡초 아닌
주인공으로
이름 달아 살 수 있겠지

너처럼.

고향 생각 외 1편

정 용 식

여기는 고향이 없는
손이며 눈길도 닿지 않는
꿈속이다
별도 하늘도 없고
옅은 향기마저도 없는
벌판이다
한숨으로 뒤집어 보고
눈물로 채색해 보아도
당신들은 천하대장군 지하여장군이다
멀리서 무게 없는
빈 웃음으로
자식의 좁은 골목에서
감나무처럼 대추나무처럼
돌아보게 하던 그 길도
까마득히 보이지 않지만
오래도록 아껴 두고
불 밝힐 진솔한 고향이
하나 생겼다 이제.

아버지의 강江 그곳에 가고 싶다

  밤마다 나는 가여운 당신을 만나러 피가 흐르는 신선한 찌를 보며 당신이 그리워 아버지가 된 아버지를 불러 봅니다 캐미라이트가 시들어 가면 못내 아쉬워 남은 얼굴과 숨결과 향기를 보러
  낚싯대 찌불을
  밝히고 또 밝힙니다
  새벽을 지나 아침이 오는 줄도 모르고 낚싯대에 아쉬움과 그리움으로 강어귀 한쪽 편에 해 뜨기 전 다시금
  기울어짐을 바로잡아
  기일게 드리웁니다.

얼굴 외 1편

정 윤 숙

희생과 봉사의 아바타
마더 테레사의 주름은
정원을 수놓은
겹장미꽃입니다

폭풍의 언덕
전쟁광 푸틴의 주름은
총알로 뿌려 놓은
피의 바다입니다

오렌지색으로 익어 가는
턱낫한 스님의 주름은
가을 들녘에
벼 이삭의 행렬입니다

늦은 오후
고택 담장을 덮어 놓은
나의 주름은
기왓장입니다.

허울

하루에도 수백 번
높았다가 낮았다가
유명과 무명이 되었다가

우리는 하루라도
지상 최대의 겉옷을
벗고 살 수 있다면….

가을에 왔네 외 1편

정 | 종 | 규 |

보고 싶다는 몇 마디 말
차마 하지 못했네

이별의 말이 눈을 뜨는가
상처가 자주 도지네

달맞이꽃 줄지어
촛불처럼 밝힌 날,

가녀린 잎새에 잠시
마음을 내려놨을 뿐인데

두 눈이 다 질펀하네

가을이 곡비처럼 왔네.

11월의 안부

네가 언제 다녀갔더라?
꽃은 언제 피었다 졌지?

네가 먹다 남긴 과일은
제법 향기롭게 썩어 가고 있구나

작은 입술로 아빠라고 부르며 웃던 게
언제였더라?

손깍지 하고 공원을 배회하던 시절이
언제였더라?

한낮의 그늘이 한 뼘 더 길어지는데…

저녁 밥상 앞에 에둘러 즐거워하던 때가
언제였더라?

언제였더라?

허수아비 외 1편

정│진│덕

네 이름을 누가 지었을까
책을 끼고 살아가는 옛날 선비였을까
아니면 낫 놓고 ㄱ자도 모르는 촌부村夫였을까
가족을 위해 뼈빠지게 짓는 농사
애써 가꿔 놓은 곡식을 보면 소나기처럼 새까맣게 몰려오는
새 떼들
그것을 물리치기 위한 수단으로
생명 없는 거짓 사람 만들어 놓고 그에게 붙어 준
기발한 이름
'허수' 란 속이 비어 있는 거짓된 것에 아이도 아니고
총각도 아닌 층층시하에 대가족 생계를 힘들게 짊어지고
수고하는 가장인 '아비' 란 명사 붙여
너에게 딱 맞는 이름이 된
'허수아비' 가짜 사람
천지간 사물의 특성에 맞게 각각 이름을 지어 주는 사람들은
모름지기 천재들인가 봐

태초에 하나님이 천지 만물을 창조하실 때 그 가운데
각종 수많은 동물을 만드시고
그것들을 인류의 조상 아담에게로 이끄셔서
아담이 부르는 대로 세상에 멋진 이름이 되었으니
아담 후손인 인간, 그 유전인자 어디 갈까.

바람, 그림자가 없다 · 7

탁 트인 하늘에
색채 구름 물감 삼아 감동적인 아름다운 대작 수없이 그려내고

구름으로 때론 상상을 초월한 갖가지 형상 거창하게 빚어내는
형체와 그림자가 없이 세상 살아가는
멋진 바람아

창세 이후로 지금까지
명실공히 대자연을 다스리는 넌
위대한
창작예술의 선구자여라.

양지와 음지 외 1편

정 홍 성

양지와 음지는 어디에나 상존한다
음지가 있으면 양지가 있고
양지가 있으면 음지가 있다든가
음지가 양지 되고
양지가 음지 된다는 이분법적 세상에
우리는 태어나 살고 있다

태어나 보니 양지에서 태어났고
태어나 보니 음지에서 태어난 풀이 되어
평생을 그들에 갇혀
햇빛 동냥이나 하며 사는 삶은
얼마나 양지가 그리워 애를 태웠다

겨울이 되면 양지가 그리운 숨결들이
그 따뜻함을 동경하며 꽁꽁 얼며 밤을 지샌다

큰 건물이 하나 생기면
그 건물 옆에는 언제나 음지가 생기어
사람들은 큰 길로 가기 위해 골목길을 가고
양지로 가기 위해 음지를 걷는다.

구름아 구름아

이 세상에 태어나 살다가
더는 살 수 없이 지친 영혼들이
구름으로 밖에 더는 살 수 없어
저리 떠다니는 영혼들

어느 날 갑자기 울화병이 도지면
세상을 향해 천둥 번개 뇌성벽력
외마디 소리 버럭버럭 내지르고

마상의 장수처럼 날랜 칼 휘두르며
일월보다 찬란한 검광을
번적번적 허세를 부리다가

서녘 저편
용광로 속처럼 새빨갛게 새빨갛게
하늘을 물들이고

설악의 상상봉에 걸터앉아
쉬었다가 쉬었다가
목화솜 새하얀 백운으로 맴도는
구름아 구름아 흘러가는 구름아!

구름은 산을 끌어안고
산은 구름의 품에 안겨
산과 구름이 함께 사는 구름.

등신불等身佛, 로타르 좌상※ 외 1편

정 황 수

가부좌 불자佛子인가
사바 오욕 털어버린

자화상 덧씌우듯
타는 눈빛, 손끝으로

열반경
왜? 입혔을까?
한줌 흙에 불과한 걸

불꽃 같은 하루살이
그 불나방 사람살이

이름마저 다 비우고
가슴앓이 두 손 모아

만다라
정토에 앉힌
미완성의 쉼표여.

※로타르 좌상: 죽기 전 해탈한 구도자의 면모가 비치는 생애 마지막 자화상이
된 자코메티 작품.

안티노미

나
오늘
떠난다고,
부질없어 비운다고
바람 불러 길을 묻다
되돌아온
방안
거기!
떡하니
곤쇠로 그냥
앙버티는
또 다른
나.

가섭사 저녁 종소리 외 1편

조경순

가섭사 종소리가
산허리로 내려오면

남치마 호장 저고리
소복 속에 감추고

거칠고
어두운 번뇌
고삐 푸는 산도라지

한 칸 한 칸 단장하고
채워 넣은 속세 인연

갈수록 우거져서
산 뿌리를 흔드는데

지장천
물소리 뒤를 따라가면.

유월의 망초꽃

길고도 추웠었던
고독의 행간에서
노을의 몸을 빌려 칸칸이 반사시킨

저 흰빛
고요한 정지
삶의 근간 밟고 서면

무수한 반복으로
가라앉힌 진통들이
침묵으로 일관했던 붉은 통점 빠져나와

등불도
적막한 산사
새하얗게 길을 내고

그리움의 안 터에서
떨며 오는 내 사랑
고독이 스며오는 삼경의 어둠 속에서

빛바랜
철모를 들고
어머니를 부른다.

그립다 말하지 않는 침묵 외 1편

조덕혜

그립다
그립다 말하는 것보다
더 진한 그리움은
그립다
말하지 않는 침묵입니다

시공간을 넘나드는 그리움이
천년 고목으로 침묵하는 것은
못다 한 사랑 하나가
내 좁은 가슴 깊숙이
그림자처럼 누워 칩거하는 까닭입니다.

별에게 물었다

그랬다
그 밤에 맨발로 달려와
나를 기다리는 건
까만 하늘 무수한 별이었다
저 멀리서
다가서지도 못한 채
야무진 눈빛 고요한 숨결로
오롯이 그의 맥박 전하려고
아, 수만 광년
아니 더 천문학적 세월을 거슬러 왔다는
이 초월적 사랑을 어쩌면 좋을까
개미보다 더 무심하던 내게도
단 한 번 돌아선 적 없는 불변의 사랑이여
그대는, 충직한 그대는
선하고 찬란한 나의 밤 지기라오.

믿음과 책임 외 1편

조병서

너무 먼 미래만 바라보다간
바로 눈앞의 기회를 놓칠 수가 있으며
사소한 일이라도
자신이 저지른 행동은
자신이 책임을 져야 한다네
친구와의 관계는
믿음이 최고의 덕목이니
의심은 버리고 함께 믿고 움직여라
세상사 혼자서 모든 것을
할 수 있게 허락된 곳은 아니며
성실이란
때로 손해처럼 보이지만
성실 속에 신뢰를 얻어
최후의 승리자가 되는 것이 아닐까
세상은 두려워할 것들이 참 많으나
가장 두려워할 것은
사랑이 없는 무미건조함이라네.

인생이란 · 5

제 분수도 모르면서
높은 곳만 바라니 실패한 인생이오
상황이 조금 나아졌다고
방심하지 말고 냉철하게 판단하며
옳은 일이 아닌 줄 알면서
어쩔 수 없이 하게 되는 것도 인생이오
천체의 움직임과
땅속의 속내도 알 수 있지만
사람의 속내는 도통 알 수가 없다더라
시작은 장대하나
마무리는 약할 수 있으니 늘
끝마무리에 신경 많이 쓰는 것이 인생사며
한세상을 살면서
재물보다는 명예를 존중하며
재물에 대한 과욕은 장기적인 불행이더라
세상살이가 쉬운 듯하지만
한세상을 살아보니
어려움도 많고 녹록지가 않더라.

거그메 찬가 외 1편

조 연 탁

아미峨眉 오성五聖 조계曹溪 모후母后
사대 명산 정기 받아
주암댐 상원 합수 소새기는 이 요람
정읍공井邑公 선조 사형제 우애하신 상호정相好亭

생사진퇴무괴의자生死進退無愧義字
충헌공忠獻公 잠언 받들며
숭조애종崇祖愛宗 화목단합和睦團合
근면번성勤勉繁盛 육영진화育英進化 종훈 다하여
온누리 선진 갑족되어 당당하오 옥천(순창)조씨

오천년 역사 딛고 선진강국 이룬 오늘
무학대사 무릎 쳤던 그 이름 거그메로
자랑 된 혈통 연이어 나아가리 면면히.

석류

상파내기 꺼끄러도
신명 난 일 배꼽 빠져

입 째지게 웃다 보니
이빨마저 붉었다오

통째 삶 덜렁 품바가
또 있을까 나 말고.

가을 하늘에 눕다 외 1편

조정일

침묵이 흐르는데
바람 한 자락 사뿐히 소매 끝에 앉는다

티끌 같은 정도 버리고
빈 공허
너무 고요하여 차라리 서늘하다

하늘 걸린 나뭇가지에
대롱거리는 단풍
숨차 올라 파리해 떤다

생의 끈 떨구려는
모진 것들

손 놓으면
또 다른 세상이 반길 줄 아는지 모르는지

가없이 펼쳐진 두근거림
맑디맑은 영혼이 유유하다.

단풍나무 숲에 별이 내리고

혼자 떠나면 울 것 같은
이 멀건 날

햇살에 구워진 붉은 잎
별이 되면

무릎 꿇어
외로움 고백하고

너무 고와 스잔한
그대와 동행한다.

제주도 외 1편

조 혜 식

남쪽에서 제일 큰 섬
우리나라 제주도

산 바다 계곡 폭포
아름다운 사람들
다 함께 살지요

세계의
문화유산 되어
행복하게 살지요.

꿈나무

어린이는 꿈나무
새나라의 일꾼 되어
열심히 일하지요

앞날이 밝아 오며
우리나라 미래 보여요

희망찬 내일의 꿈을
우리 서로 이루어 가요.

통일이 생각날 때 외 1편

조 홍 규

평행선은 없다
끝없이 가면,
만난다

가고 가고 가면,
만난다

사람들이 믿지 않거나
만나지 않고 사는 게 좋다 하지 않는다면,
하나였던 거 하나 되게 하는 것이어서
미워하지 말고
가고 가고 가고 있으면,
만난다

사는 거 다 그런 거다 말해 버리지 않을 때,
강하지 않아도 사는 것이다는 것을 알 때,
너를 이해하는 사람 나뿐이다 하지 않을 때,

만난다.

우리가 박수칠 때

상식이가 월급 올랐다고
술 한잔 산단다
자동차회사 노사 합의로
임금 인상안을 확정했다는 뉴스가 나던 날,
사려던 자동차 가격이 올라
대출금을 더 받았지만
자동차 사서 기분 좋은 날,
상식이가 술 한 잔 산단다.

풀벌레와 나 외 1편

주광일

요즈음 나는 풀벌레를 보면 묘한
동료애를 느낀다. 아니 젊은 날
전쟁터에서 생사고락을 함께한
것처럼 전우애까지 느낀다
풀벌레의 시간이 얼마 남지
않았듯이, 내가 앞으로 더
살 수 있는 시간도 얼마 남지
않았기 때문일까? 풀벌레의
삶이나 나의 삶이 모두 똑같이
덧없고 덧없기 때문일까?
여하튼 비명도 침묵도 아닌
풀벌레 소리를 밤새도록 들을
때면 나는 풀벌레에게 신비로운
형제애마저 느낀다.

단풍 위에 내린 눈

올가을 설악산 단풍철은
허무하게 끝이 날 것 같다고 하네
설악산 정상 대청봉 언저리,
불 뿜어내는 듯한 단풍 위에
지난 밤새 첫눈이 듬뿍 내렸다 하네
올해 설악산 단풍이 도대체
무엇을 잘못 하였길래
느닷없이 요절하고 만 것일까?
서울에 사는 나는 이 일이
아무래도 예삿일이 아닌 것 같아
깊어 가는 가을밤에 마냥 깨어 있다네.

밤에게 외 1편

진 진 욱

밤이여
네게 당부하나니
블랙 박스에 나를 가두지 마라

난 네가 싫어서가 아니라
너를 따라 다니는 그리움
그게 두려워서다

어둠이 짙게 깔리면
숨 돌릴 틈 없이 불거지는
그리움들

오뉴월 문둥병처럼 번지는
그 고통
너는 모르리

제발 다가오지 마
달과 별들은 그냥 두더라도
너만 멀리 떠나주면 되니까.

그대 있음에
―숨

내가 너를 너무 관심 밖에 두었다는 걸
오르막길을 걸을 때 조금은 알았다

내가 너의 소중함을 까맣게 잊었다가
뜀박질할 때 비로소 알았고

하얀 밤에 잠들지 못할 때와
근심이 넘칠 때 네 모습을 보았네

네가 없으면 내가 있을 수 없고
나 또한 없으면 네가 있을 수 없음에

너만 나로부터 도망치지 않는 한
나, 천년 만년 이대로 살아 있으련만.

우리 금강산·1 외 1편

차 경 섭

입씨름 끝이 없는 판문점이 음산해도
화창한 봄뜨락엔 살구꽃이 화사롭고
태고를 간직한 신비 금강산은 보배련만

검푸른 임진강은 아픈 역사 몰라하고
풍요와 태평성대 누리는 파주더라
마음의 여유를 찾는 나들이객 북적대나니

남강수 적벽강은 예와 같이 흐르건만
향로봉 중내원에 백발 노승 간 곳 없고
수미탑 보고 보아도 괴이하고 음산더라

병풍진 초석들이 홍천삼도 다스린지
혈성루 올라보니 백운바다 일렁이고
수미탑 보고 보아도 괴이하고 음산터라

자연의 조화 이룬 화룡담은 눈길 끌고
빼어난 여근 있고 늠름도 한 남근이니
용왕께 풍어제 올린 제상은 진진도하여라.

우리 금강산 · 2

삼신산 신선들이 가고 없는 금강인데
호영당 범바위는 살아 숨쉰 형상 같고
층층이 쏟아진 폭포는 소 이루어 음산건만

우람한 암봉들이 뾰죽뾰죽 창검 같고
거대한 총석정은 조물주의 걸작이니
자연의 위대한 예술 금강산은 보배여라

하늘을 찌를 듯한 거송들이 늠름건만
산골물 굽이굽이 휘돌아서 초서 같고
희비가 엇갈린 중시 애간장을 태울지라도

금강문 지나려니 잉어바위 뛸 듯하고
내금강 외금강에 해금강은 풍광 좋아
풍금탄 산금 소리에 흰 구름도 쉬어 가구나

신비한 거북도장 미륵암에 해돋이요
봉래산 물안개는 구름같이 서려 나니
자연의 거대한 예술 아름다운 연출이여.

빨강 배롱나무 외 1편

차 영 규

분홍도 마다하고 희다고 싫다 하다
빨갛게 타오르며 불같이 피어난 꽃
한밤엔 달빛 아래서 새까맣게 탔구려

반반한 피부에다 우뚝이 솟은 몸매
온 동리 백일 동안 붉게도 누비다가
꺽다리 해바라기와 씨앗 세다 졌다네

뜨거운 태양빛에 활 활 활 불길 되어
한여름 태우려다 온몸이 녹여져서
알알이 빨간 구슬 돼 보석처럼 빛나네.

겸손한 잔디

많은 날 숙이면서 참으며 살아가다
깎이고 밟히고도 말없이 받아들여
한없이 품어내려는 엄마 품속이더냐

피우지 못하고도 베풀며 살아가며
친구들 어깨동무 즐겁다 노래하니
모든 이 편안함 주는 성인군자이더냐

낮고도 넓은 마음 타고난 천성일까
마음껏 펴지 못해 속상해 할까마는
늦가을 내려놓은 마음 황금물결 이뤘네.

소곡 외 1편

채｜규｜판

달은 강에 떠오른다
정자목 밑으로 지나던 바람이
옷섶엔가 스쳤다가는
눈속에 저문다

풍경 소리 연신 잇대어 오고
맑게
맑게 흐르는 기억의 강

아무도 없는 강가에서
길게 휘파람을 분다

깨알 우수수 쏟아지는 밭머리
꿈은 달이 떠오른 뒤에 온다.

향수

그 설야는 겨울이 아니었다

파란 풀잎이 뒤집히는
눈의 가장자리에 서성이다가
문득 잡히는 것은 애정이다

바람은 생각을 거느리고
소리들을 풀어내지만
생각의 갈피마다 철철 넘쳐
조금씩 눈을 맞추는 것

아침을 눈부시게 걸치고
그림자 한두 개
또옥 똑 따내지만

눈이 오는 밤이라고 해서 꼭 겨울은 아니다.

들국화 외 1편

채 명 호

바쁜 이 가라 하고
비켜서 기다리다

찬서리
맞으면서
곱게 꽃을 피었구나

이 가을
쓸쓸한 마음
나는 너만 꽃이더라.

냇가에서

은모래 옥자갈이
반반히 깔린 냇물

이 가을
한 나절을
금이라도 주고파라

물여울
고운 속으로
축복 받은 고기 떼.

허수아비 외 1편

채 수 황

높푸른 하늘과
황금물결 사이에
초라한 허수아비의
옷자락을 펄럭이는
바람이 분다

농부가 지나가며
워이워이 소리쳐도
묵묵히 홀로 서서
빙긋이 웃고만 있다

가을 하늘에
참새 떼 몰려와도
히죽히죽 웃고만 있다

벼 거둔 들판에
찬바람 불고 눈이 쌓여도
말없이 외롭게 서 있다.

바람

바람이 지나간다
나뭇가지 사이로
잎과 가지 흔들며
그림자처럼 지나간다

때로는 미풍으로
때로는 강풍으로
얼굴을 스쳐 무심히 지나는데

한번 지나간 바람은
다시 오지 않지만
나무의 나이테는 늘어만 가는구나

이대로 나이테가 늘어만 간다면
고목으로 될 날도 그리 멀지 않겠지

바람이 지나간다
나이테를 감으면서
역사의 흔적을 기록하고
그림자로 지나간다.

나는 누구인가 외 1편

최경구

스님의 좋은 말씀
귀가 열리지 않는
나는 누구인가

산사에 울린 법문
눈만 깜박거리는
나는 누구인가

이승도 저승도
모르고 아는 체한
나는 누구인가

바람일까, 구름일까, 연기일까?

광화문 하루

이순신은 지킨다

장발머리, 짧은 치마, 청바지와 기타
그래도 젊은 자유의 거함을 노래했다

70~80 희미한 옛사랑 음악이 춤추고
희끗하고 텅 빈 머리에 단아한 옷맵시 뽐내며
중년의 보석들이 광화문 거리를 비추인다

카프리에서 봄은 오롯이 살아나고
멘델스존 한여름 밤 꿈을 꾸던 곳
이브는 고엽 속에 가을을 이별할 때
긴 겨울 광화문 하루.

연鳶 외 1편

최광호

한없이 높은 하늘
끝없이 솟아오르는 연
상흔의 역사를
시대의 아픔을 뚫고 오르는 연
얼레의 실이 끊어질 때까지
마른 억새꽃이 흔들리는
회오리바람이 불어와도
몰아치는 삭풍에 의지해서 점으로 된 연은
근심 걱정 실어
하늘 높이 치솟아 오른다
안개 같은 인생.

그리움

두 마음
그리움이
하나로
촛불이 녹아내리듯이
사랑하리라

두물머리 강둑을 거닐며
두 마음
하나로
그대 두물머리 강물처럼 흐르고 싶다고
언약한 눈빛
가슴 깊게 파도로 출렁인다

새싹처럼
봄날 움트는 그리움
바윗돌 눌러도
좌절할 수 없는 그리움
나의 가슴 깊게
두물머리 강물처럼 흐르네

그리움은 타는 촛불이 녹아내리듯이 흐르네.

추억거리 정리 외 1편

최병극

서로를 몰라볼 만한 나이가 되어 가고 있다
누구나가 다 겪는 삶이란 챙챙 감겼다 풀어 보는 경험!
보고프고 허기진 경험에 그냥 헤어짐이 쌓인 생!
이제껏 먼 시간을 휘돌아 흘러 이곳까지 왔다
내 욕망의 섬에 웃음과 눈물이 섞여 드는 나이다
가도 가도 오직 나뿐인 걸음을 오늘도 걸어왔다
아직도 별빛 사라질 때까지 뒹굴다가 아침을 맞는다
오늘따라 한량없는 생명의 경전을 읽는 것만 같다
애써 기다리잖아도 가을이 살포시 내려앉으려고 건너오고 있다
흩날리는 하얀 백발에 고독 벗 삼고 지나고 있다
욕심 없는 꽃처럼 나부끼며 나답게 산다는 것 쉽지 않더라
추억에서 아물거리며 기억들이 뚝뚝 떨어지고 있다
이래서 나 이제 추억거리를 정리하는 나이를 알아차렸다
늦게나마 더한 행복된 믿음의 무게를 잡아 보련다
보람과 다정함 겪은 건 추억으로 옮겨 놓을 거다
웃을 일 찾던 터라, 진정한 웃음 하나 벽에 걸어놓고 싶다
성냄 서글픔 사라지고 즐거움만 가득 채우며 지나련다
솎아낸 우리말 중 양지바르다는 건, 햇볕이 잘 든다는 것!
그것이 바로 지금이었으면 한다.

몹쓸 구름 이야기

이날따라 구름이 여기저기 떴다. 구름도 짝이 있나 봐!
가뭄 때문에 쳐다보는 이가 하도 많아서인지도 모르나,
어떤 구름은 낭만을 달고서 저희끼리 즐기며 흘러만 간다
애간장 태우는 것 모른 채 그냥 구름이 흩어지고 만다

기다리던 도랑이며 개울들이며 냇물이 목말라 한다
이곳에 있던 물돌들이 맞잡을 손이 멀리에만 있다
그동안 다름 아닌 구르는 법을 잊었기 때문이다
익숙했던 떼굴떼굴 구르는 소리 그친 지가 오래다

멀리서 나풀나풀 날아와서 구경하던 나비도 뜸하다
흔치 않는 나비 애교에 쳐다보던 개구리도 무소식이다
서로 서로가 어울려 남모르는 행복을 만들던 이곳!
뭐래도 이 모두 기억되고 추억으로 묶여야 할 곳인데도!

냇가 찾아온 자들 위안 받고 눈물을 받아 주던 이곳이…
이제는 오가는 이 보기 힘들어 한가로워져 간다
눈웃음 띄우며 섶을 지나던 그때의 그들이 보고프다
만나면 헤어질 줄 모르는 그런 사랑을 하고프다.

문수사의 봄 외 1편

최 병 륜

세한도
유한에 밀려간
갓 사월
묵상을 깨우는 청록 구름이
청량산을 휘감고

수수백년
무명을 일깨우던
문수전 향 내음에
백화가 만발하고
뭇 생명들 춤사위 아름답네

서둘러 오르는 길
불수不壽의 노목들이
아득한 불심을 귀띔하듯
연등줄에 목을 내준
참회 모습 간절하고

이끼 낀 돌 틈으로
소리 내어 흐르는 청량수가
보고 듣는 인연들
가슴마다 흘러서
번뇌도 고난도 서원에 씻겨 가리.

석탄사 釋誕寺

저 낙산에 걸린
천년 세월
애절한 간장 몇이나 녹였을꼬
인고의 두께 땅 같으리니
바람 말고 뉘 알까

세상에 나
물같이 살으려니
단장의 한 몇 길은 사렸겠지
허리 굽어 오르던 길
멀기도 하였세라

풍상 사나워도
지친 몸 뉘지 않은 저 부도는
아직도 고행인가
대웅전 처마 끝에 저녁 별 걸리니
두견의 절규 애처로워라

거룩하신 묵상 앞에
오체 부수어
무량한 기도 하늘 닿을 제
가슴에
뜨거운 강 지나네.

지금 누군가 어디서 외 1편

최 영 순

지금 누군가 어디서 알 수 없는 이리로 오고 있다
멀고도 따뜻한 바람의 섭리를 딛고
연둣빛 자욱 따라 꽃망울 따라

지금 누군가 가파른 수레 숨찬 언덕을 끌고 있다
지친 마구간 옆 햇살 둥지
망아지 초롱한 눈빛 생각하고

지금 누가 어디서 마른 꽃을 안고 울고 있다
추수 끝난 빈 하늘 까마귀 떼
끌어안을 갈밭 하나 허수아비도 없이

지금 수많은 누가 지구 어디서 피 흘리고 있다
종말을 움켜쥔 아마겟돈의 용틀임
불바다가 되어 잿더미가 되어

하늘과 땅이 불꽃으로 엉키다가
땅과 땅이 붉은 수수밭으로 물들다가

지금 누군가 어디로 급히 사라지고 있다
바람 따라 왔다 바람같이
이슬같이….

연민

내가 너에게 할 수 있는 일은
추운 날 새벽길
얇은 목천 한 장 둘러주는 것뿐

내가 너에게 할 수 있는 일은
바람 부는 날 황사길
허리띠 여미게 동여매 주는 것뿐이리

지금 내가 너에게 할 수 있는 일은
비 오는 날 울며 떠나는 길
초록 우산 하나 받쳐 주는 것뿐

다만 내가 너에게 할 수 있는 일은
막막히 빈손으로 떠나가는 길
구겨진 지폐 몇 장 찔러주는 것뿐이리

이제 마지막 너에게 할 수 있는 일은
후회 없을 연민의 길
울음 그친, 너의 뒷노래를 빌어 주는 것뿐

내가 너에게 할 수 있는 일은.

나이 듦

최완욱

 가르침에 무딘 나에게 삶의 건조함을 꾸짖는 신호는 몸으로 먼저 전해진다
 이물감에 눈이 쓰라려 눈을 깜박거린다. 현미경처럼 들이대던 눈, 이젠 눈감고 살라는 몸의 가르침인가

 야멸차게 빗금 그으며 걸어온 걸음인데,
 이젠 이 이야기 저 이야기 세상 이야기 읽고 듣고 보다보면 눈물이 가만히 흐른다

 이렇듯 나이 듦이 삶을 촉촉이 데우고 있다
 눈 굴림이, 질러 가던 걸음이 무뎌지는 지금, 그래서 그리 나쁘지 않다.

어머니의 초상화 외 1편

최│유│진

햇살이 따스한 질감質感에서
보랏빛 고운 색소를 뽑아
한 폭의 그림을 그린다

온화한 웃음과
호수에 잡히는 물주름 같은
주름살 갈피갈피
그리움으로 번진다

언제나 예수를 품고 있는 듯한
맑고 그윽한 눈
듬성듬성한 백발 속에 쌓인
세월의 연륜을 그리다가
울컥 눈물이 나왔다

세필을 잡은 손끝이 떨린다
그윽한 미소로
어머님은 내 붓끝을 잡아 주시는 듯….
찌르르 붓끝을 타고 오르는 감촉
어머님은 언제나 사랑이시다.

취병산 데칼코마니

하늘을 뚫고 솟아 있던
푸른 병풍, 취병산이
섬강에 그대로 빠져 있다
강물에 찍힌 데칼코마니
산과 강의 뜨거운 포옹 속에
물은 산으로도 흐르고
나뭇잎은 물속에서도 피어난다
온갖 흐름이 정지된 채
모두를 하나로 묶어 두고
섬강에 빠져 있는 취병산처럼
산자락으로 흐르는 강물처럼
그대로 바보가 되었으면 좋겠다
서로가 서로를 위하여
뜨겁게 사랑했으면 참 좋겠다.

임진각에서 외 1편

최 정 순 博川

음력 원단元旦,
칼바람 칼춤 추는
임진각 자유의 다리 앞
아버지 영정 들고
서성이는 눈물의 어머니
망부 혼 달래며
자리 떠날 줄 모르는데
생전 다시 가보지 못한 고향
혼불이나마 마음 놓고 날아가라며
북녘바라기 할 때
방송작가 카메라 앵글 초점
아버지 영정 떠날 줄 몰랐네
아버지 집안, 공산당 분단 위원장
백부 실력자 손가락 안 들고
학구열 높은 장손 아버지
월반 일본 조기 유학
탄탄대로 거침없었네
집안끼리 튼 혼사
사랑 알밤처럼 튼실해
이를 시기한 신
전쟁으로 갈라놓고
남과 북 갈 수 없어
전처 그리움 애태웠는데
망자 되어 찾아가니
아버지 알아나 볼까.

군항제에 내리는 꽃비

벚꽃 질 무렵
진해 군항제 오니
꽃비가 폭포로 쏟아지는데
생전에 함께 왔던 날도 그랬지요,
아버지

꽃비에
당신 사랑의 편린들
번뜩거려 정겹게 보이네요,
아버지

갑자기 부는 사나운 바람
꽃비는 강물 되어 흘러가고
당신의 모습도 멀리멀리 흘러가네요,
아버지.

삼월 봄은 시절 인연 외 1편

최 주 식

이월이 가고 삼월이 오면
삼월은 가라사니 없는 어린애 가슴에도 꽃이 핀다

잊은 채 찾지 않아도 봄은 다가와
희망의 싹이 트고 꽃이 피듯이
내 망각의 시간 속에서도 파릇하게
이제 시절 인연이 나의 손을 잡는다

춘삼월 봄비 내려 마음 젖어들면
춘풍에 내 소망 하나 고이 얹어 본다
삼월은 어디를 가든 꽃 향기
이 봄 너와 나 새로운 인연의 시작이다

서슬 퍼렇게 날 세운 칼로
정체되고 고립된 생각들은 잘라 내고
탐욕에 눈먼 허방다리는 짚지 말며
도약의 날갯짓 힘차게 비상하여 희망을 향해서 날아야 한다

온 천지 꽃이 피면 벌 나비 찾아들고
봄은 보고 듣고 향기로 피어나서
여기저기 환희에 찬 축복 터지는 소리
그래 맞다 맞아 삼월에 봄 시절 인연은
참 너와 내가 품어 안아 사랑하는 열정의 시절임을 까맣게 잊고 있었구나.

상실의 기억

늙는 것은 어쩔 수 없는 이치
기억마저 희미하게 가물거리며
사라지다 또다시 떠올라
위태로운 상실의 기억을 밝히는
바람 앞에 촛불 같은 것

불현듯 제풀에 녹아 스러지며
뜨거움마저 잠식된 기억의 상실
때론 기억이 불현듯 되살아나서
녹아 버린 촛농에 불꽃이 피어나
기억의 심지에 불이 붙기도 한다

늙어 가기에 잊혀 가는 것들은
깜빡거리는 기억을 촛대 위에 세워
꺼져 가는 상심의 아픔을
세월 길 위에 촛불을 켜듯이
그렇게 밝히고 더듬어 살아가는 것이
삶의 이유가 아닐까.

순천만에서 외 1편

최|진|만

갈대꽃 흐드러진 저 멀리
오, 광활한 순천만에는
숨바꼭질하는 게들의 고향
도요새 사랑도 무르익어 낙조는 붉고
고추잠자리 맴돌아
갈바람은 또 어디로 부는가

실려 온 파도 소리 섞어 들리는
머언 수평선 넘어
내 그립던 그대 마음같이
사랑하던 임이 살고 있을 것만 같아
이런 날 손꼽아 기다려도
아니 올 당신을 기다려 보는가!

황화黃花에 붉게 물든
홍조 띤 서녘
아, 언제쯤 또 순천만에 오리.

그냥

이 가을에 왜 할 말이 없겠습니까
왜 가을날에 손 뻗어 잘 익은 과실을 두 손 모아 소중히
거두고 싶지 않겠습니까
말은 가시밭길입니다
실체 없는 말은 그다지 믿을 게 못 된다는 것을
예! 압니다, 압니다
말이 많아 쓸 만한 말이 없는 세상
아무 말 하지 않는 게 길이 되고
말이 되는 세상,
말없음으로 말보다 침묵만 한 것이 없기 때문입니다
압니다
미워하는 것도 용서하는 것도
저기 가을 하늘 부질없는 허공인 것을
우리 아픈 곳에 그냥, 그냥이라는 약을 바르고
암울한 동굴에서 한줄기 빛을 따라 내일
또 다른 내일에 희망이라는 단어를 새겨 봅니다.

애愛 외 1편

최 창 일

누군가 마음에 들어와
기분이 달라지고

아무것도 아닌 것처럼
아주 크게 흔들리는 것

꽃과 나무가 일생
눈을 감지 않듯

늘 진지하거나 당당한
감동을 나누어 가지는 것.

이해

바람에 부러지는 것은
아주 자유로운 형태였다

우연의 원리도 자유로운
형태였다는 사실

멀어지고 보니 그것이
어떤 사랑인 줄 알게 되고

그 사람의 뒷모습을 보는 순간
진짜 모습이라는 사실도 알게 된 것.

수레바퀴 외 1편

최형윤

헤어짐과 만남이
고빗길마다 이어지고 있다

가장 가까웠던 사람
영원의 발걸음으로
큰 슬픔을 안겨 주더니

새 생명을 맞이하는
기쁨의 물결은
가슴 깊은 곳에서 솟구친다

무덥던 여름 지나간 자리
소슬한 가을바람 다가와
지친 몸과 마음 다독이고

동장군이 설치고 지나간 자리
따사로운 봄볕 다가와
심신을 기운차게 한다

커다란 궤도를 그리며
오늘도 헤어짐과 만남의 수레바퀴는
굽이굽이 고갯길을
쉼 없이 굴러가고 있다.

정류장 停留場

마중과 배웅이
오르내린다

마중은 만남이고
배웅은 떠남이다

만남은 기다림이고
떠남은 그리움이며

기다림은 그리움을
만나는 시간이다

삶 속의 만남과 떠남이
매듭짓고 풀어지는 정류장

기다림과 그리움이
쌍무지개 되어 피어오른다.

아버지 사랑 외 1편

표 애 자

청솔가지 군불 지펴
타다 남은 숯덩이 화로에 담아 내면
어둠은 까만 코 고무신 안에 가득 고이고
땀내 나는 버선 툭툭 털어 빨랫줄에 걸고
아버지의 하루를 대추나무에 걸어 두셨다
무쇠 솥에서 숭늉 한 사발 들여다 놓고
툇마루에 요강 단지 올려다 놓으면
저 멀리 마을에도 약속이나 한 듯
별들이 내려와 이야기꽃을 피웠지
삽살개 우짖는 소리와 사립문 여닫는 소리에
달님도 오동나무 가지에 걸터앉아
아버지가 들려주시던 옛날이야기에 귀 기울이며
밤 깊은 줄 모르고 구수한 이야기가 무르익으면
아가는 엄마 치마폭에 잠이 들고
달님도 별님 손잡고 떠나 버린다
세월이 흘러도 아버지 사랑은
형광등 불빛 아래 고향의 빛이 되어
고달픈 내 삶의 등불이 되어 길을 밝혀 준다.

은빛 속의 파란 꿈

은빛으로 갈아입은 세상 속에서
연둣빛 아름다운 꿈을 꾸고 있는
소녀들을 만났다
자연의 순환 따라 무채색 언어로만
던져진 계절들 속에서
하늘이 내려준 은빛의 옷을 벗어버린 것은
흙 속에서 겨울 이야기로만
살아가는 세상은 재미없다는 그들
밤사이 흘러내린 눈 옷이 발목께로 내려와
개울 물가에 가지런히 서 있다
냇물도 몸통을 두드려 얼음을 깨고
어서 일어나자고 속삭인다
소녀들은 나지막한 소리로
노래를 부르며 일어서고 있다.

청포도 외 1편

한 병 윤

응접실 탁자 위에 납작한 하얀 접시
아버지 땀방울이 청포도로 익어 있다
알들이 톡톡 터질 듯 가득 고인 하늘 맛

얼비친 속살이 입맛 더 당긴다
고요한 태반 안에 천수天水 같은 푸른 양수
숙성된 연체軟体의 맛이 달근하게 퍼진다

산사山寺의 밤

반야의 숨소리도

운무에 젖어 간다

이슬이 사리처럼

달빛을 안고 앉아

노스님

철야 기도를

합장合掌하며 듣는다.

돌아볼 때마다 외 1편

한 성 근

늘 새로운 날들의 목마른 시간 속에서
가다 멈춘 어설픈 날들이
차고 넘치는 자잘한 생각들을 짊어진 채
부표처럼 더미로 오더이다

간신히 먼 길 돌아 서름하게 보이는
노을에 비친 희미한 얼굴 위로
헤살 부린 바람을 끌어당겨
꾸다 만 꿈의 숨결 한껏 어루다 보면

저문 하늘에 어둠 쪼개어 감추어 둔
욕심뿐인 세월 꺼내 들고
아찔한 높이에서 뛰어내리던
연민에 젖은 가슴 자지러드는데

이지러진 초승달 머리에 이고 견뎌낸
남루를 걸친 몸의 끈질긴 기움질에
아픈 웃음 실어 흩뿌리고 있더이다.

생각이 깊어지다 보면

조금씩 열리는 하늘이 시곗바늘처럼 다가옵니다
그래도 꿈결같이 아득하기만 합니다
얼핏 어디서 본 듯한 새 한 마리
느닷없이 저 멀리로 눈길 거두어 스쳐 가는데
한참을 망설거리는 날갯짓이
더 높이 치솟아 오르려고 아우성치는
발가벗은 숲속 나무들의 우듬지로 느껴집니다
문득 바람이 옷섶을 여미다가
내밀한 그 소망 안다는 듯
귀를 기울여 생각에 잠깁니다
세상 어느 곳에도 이르지 못할 것 같던
끝 간 데 없는 단단한 맹세의 외로움 너머로
긍휼의 마음 마침내 달랠 수 있다면
기꺼이 잘디잘게 부서지고 부서질 것입니다
드센 비바람 또다시 불어와
내 작은 몸뚱어리가 곤두박질칠지라도
늘 그러했듯이 더 낮은 자세로 중심을 잡아
선뜻 다가온 시간 속으로 걸어가 보렵니다.

가랑비 외 1편

허 만 길

가랑가랑 가랑비
지난밤 어둠 타고
쓸쓸한 가을바람 타고
가랑가랑 가랑비 내렸네
쌀쌀한 아침에도 말이 없이 내리네

갈 사람 가야 할 사람
멈칫멈칫 돌아보지 말며 떠나라고
아파도 아파도 가랑가랑 가랑비

꽃잎이 비에 젖네
풀잎이 슬피 우네
강물이 흘러흘러 눈물처럼 흘러가네

아파도 아파도 가슴이 쓰려 아파도
갈 사람 가야 할 사람
미련 없이 가라고 보내라고
가랑가랑 가랑비 가랑가랑 가랑비.

겨울 꽃

춤추는 음악처럼
훨훨 나부끼던 눈이
들과 산과 강 언덕에
하얀 꽃잎으로 드러눕는다

겹겹이 쌓인 눈은
싸늘한 겨울을 따스하게 껴안는다

움츠리고 숨쉬는 만물에
백옥 같은 탐스러운 눈이 있어
겨울은 겨울 꽃이 된다

더 찬란한 겨울 꽃이 되라고
나는 봄의 노란 민들레 웃음을
겨울 달빛에 가득 싣는다.

전화 주소록 외 1편

허 만 순

김병석, 황 선생, 오 여사…
업무적이거나 그저 그런 사이의 이름들이다

찬이, 윤가, 그 인간, 밉상이…
편하고 벽을 두지 않은 사이의 이름들이다

박 회장, 이 박사, 정 의원…
껍데기만 번지르르한 실속 없는 이름들이다

제비족, 악바리, 사기꾼, 변태…
의외로 친한 사이거나 허물없는 이름들이다

그러나,
내 이름은 어디에도 없다

내 이름은 내가 짓는 것이 아니다
누군가의 전화기 속에
그가 붙여 준 이름표를 달고 있을 것이다.

여주

간밤 비바람에
몇 개의 꽃잎이 떨어졌을까
가슴 졸이던 날들

유월 어느 날 아침
노란 꽃 사이로
초록색 싱그러운 열매를 달았다

아침마다 네 모습 궁금해
커가는 손주 보듯
호기심 어린 눈빛으로 바라보면

아침마다 화답이라도 하듯
"간밤에 저 이만큼 컸어요."
부풀어 오르는 몸매를 자랑한다

며칠 못 봤는데,
노란색 옷차림으로 시선을 사로잡더니
다시 주황색 원피스로 나를 유혹한다

작열灼熱하는 한여름 태양 아래
볼그레한 속살 살짝 내보이더니
오늘 아침, 드디어
가슴 활짝 열어젖히고
도발적인 자태로 내 앞에 다가왔다.

부채질 외 1편

허 상 회

인도로 걸어가다가 신호등 기다린다

길 가던 아주머니 한 분 유모차에

애완견
태워 가며 알뜰살뜰
부채질하며 걷는 대낮

본인은 머슴처럼 더위에 땀 흘려

사람 아닌 동물한테 자기 부모님 모시듯

충성을
다하는 마음 자세
한번쯤 되돌아봐야!

가을 연서

속절없이 늦가을 비 촉촉이 내리는 날
흘러가는 야속한 세월 옛 기억 아련한데
별나게
사연은 없지만
시리도록 맑은 사랑

잊은 채 지내왔는데, 그 사람 문득 되살아
잊은 모습 뒤척이듯 늦가을 비, 겨울 재촉해
또 한해
지나는 그리운 정
통 가슴을 적시네.

코스모스 외 1편

현 영 길

아름답게 치장한 코스모스
아름다움 취해 비행하는 잠자리
예쁜 꽃 취해 날갯짓 멈춰 있구나!
세상 너무도 아름다움 치장되어
사람 마음 행복함 주는구나!
변화한 문명 그대 취해
안주하고 있지는 아니한가?
주님 자녀 신앙생활 가장 기본
주일 성소 지키지 못하는 나의
모습 그대 향한 그분 음성
그대 들리는가?

꽃이 피었습니다

종소리 밤 씨앗 주셨습니다
성령 향기 씨앗 나의 마음 뿌렸습니다
세상 찾을 수 없는 아름다운 향기 꽃
그분으로 인하여 꽃 피었습니다
영원히 시들지 않는 꽃 피었습니다
삶 꽃 피우기 우린 달려갑니다
땀 흘리며 인내하는 모습 속
그분 찾아와 은혜 주셨습니다
그대 마음속엔 어떤 꽃 자라고
있는지요. 그분 주신 사랑
꽃 자라고 있는지요
그 꽃 바로 당신임을
그대 아는지요.

작은 사랑의 빛으로 외 1편

현|영|희

그대의 어깨 너머
무심코 적어 본 두 글자 '만남'
그에게 어리는 낯설음은
나를 슬프게 하고
빈 하늘 위에 그린 작은 공간
들리지 않는 바람처럼
사랑 속에 희미해지는 그대

좁은 자리 조금씩 서로 내어 주다 보면
그대의 작은 숲이 보여지고
무제한 통화량 소통의 밀어로
그만큼의 깊이와 애틋함이
지금은 소망의 불꽃으로 되었네

백년해로百年偕老
영원을 약속하고 다짐하며
믿음 없이는 사랑할 수 없다는
사랑의 종착역 되어
두 손 잡고 감사하며 걸어서 가리 미소 지으며
온 맘 다해 응원하며 함께 가리
작은 사랑의 빛으로.

내 삶 속의 너

하늘은 왜 그리 푸르기만 한지
하나의 우주인 그대
내 작은 책상에 떨어지는 빛
난 환상을 믿어
내게는 존재하지 않는 세상 이야기
그리운 것은 항상 내 곁을 겉돌지만
멀리 있는 사람
가슴에 묻어둔 사랑 한 소절
사랑의 감정이었을까

유리 거울은 깨어지고
긴 시간 동안 말없이 서성이다
하얀 벌판에서
모르는 척 돌아서려니
그대가 곁에 있기에 항상 행복하다는
진달래 꽃빛의 하늘의 밀어가 아련히 펼쳐진다
이젠 진정한 사랑이고 싶다

내 삶 속의 너이기에!

삶이 참모습 외 1편

현 형 수

정성스레 머리 가다듬는
그대 소박한 모습
말뿐인 정 아님을 미소로 화답하듯
정겨운 말 한마디가
더욱 거룩한 모습으로 다가오네
요령껏 분위기를 조성하는 것도
더러는 껄끄러움에도
힘겨운 맞벌이 쉽지 않은
일상으로도 까마득한 수다
지나온 눈빛에서
더욱 맑게 빛나던 결과
우환으로 힘이 버거운 긴장
산처럼 쌓여도
수다 한판으로 홀홀 털었네
둘 사이 넘나들며 여울처럼 꽃진 자리
애정 어린 사랑으로 껴안고
한세상 즐거웠던 그 행복
이제 가고 공허한 날
환청으로 듣는 그대 웃음 곁에
아직 그 옛날이 내가 함께 사네.

산사로 가는 길

가쁜 숨에 한 세월
소유하였던 내 마음 들여다보니
나무 등걸 사이 잎사귀
초록 잎 곁에
신비한 새들의 둥지
새벽잠 깨우는 창가
요령과 죽비 소리에 귀 기울이는
감미스러운 봄
산山 여울에서 수령 깊은 나무와
천년 세월의 왕바위들
모든 것은 길동무로 부처가 되고
살아 있는 것 죽어 있는 것
모두가 순간 욕심도 사심도 사라지고
아직도 비우지 못한 물음 하나에
한 고문처럼 고요한 하루를 열고서
내 안을 허물어야
비로소 보이는 내세의 세계
무관한 세월처럼 열반에 들고 있는
산사로 가는 길.

방바닥 활력 외 1편

홍│경│흠│

 오랫동안 방바닥에 누워 뜻을 이루지 못한 것에 대한 면죄부를 받았다 비로소 나는 멋쩍게 웃었다 그러니까 실패에 대한 반성이라고나 할까

 휘우듬한 과거를 다시 메쳤다 눈물이 핑 돌았다 오롯한 이 자리

 많은 제약들로 꽉 짜인 틈새로 빛이 비쳐 옴은, 한 손엔 건방진 책을 한 손엔 소박한 겸손을 쥐고 책상 앞에서 밤늦도록 잠을 깔고 앉아 있을 때, 서로 다른 의견이 차츰 좁혀 들다가 마주친 힘,

 내가 밟은 곳은 진딧물이 엉기어 있는 꽃밭이었다 모른 체하면 저는 죽을 거예요 제발 살려 주세요 나는 팔소매를 걷어붙이고 할 일을 했다 꽃의 밝은 표정에서, 잔뜩 기뻤다

 꽃향기로 구슬땀을 닦았다 욕조에 누웠다 홀연히 들려오는 새소리, 가슴이 뛰고, 무엇이든 한 겹씩 다져서 쌓았다

 어느 감미로운 풍경이 눈동자에 가득 차 있음을 기억해 냈다

변주곡

　빈 지게를 지고 가는 길목, 기운 떨어지기 전에 한 살림 장만 하라는 엄마의 신신당부에 눈을 질끈 감으면, 노는데 정신 팔린 질펀한 시간, 부랴부랴 신발 끈을 졸라맸지만, 낱낱의 숨구멍이 막혀, 나 외 더는 보지 못하는 시든 노란 잎 하나, 날아드는 숱한 독촉장으로, 죽음을 꺼내 놓고 심사를 하고, 절벽으로 향하던 날, 애먼 바람이 곧게 들어 올려 슬픔이 벅차올라서는

사각만두 외 1편

홍│계│숙│

우리 집, 대대로 내려온 사각만두
고단한 시집살이 사랑으로 끓여 내어
이웃 사랑 실천하시던 어머니 생각난다

가난에 찌들어 허기진 꽃들 피던 시절
펄펄 끓는 사랑, 만둣국
은발의 입 속에 녹아든다

욕심 많은 철부지 딸
나누고 베푸는 사랑 깨닫지 못하여
투정의 숟가락질 가슴에 못 박았지만

긴 세월 흐른 후
어머니 손때 묻은 낡은 국자 밤하늘 달로 뜰 때
아, 그 심정 이제야 알겠네

한줌 허리 졸라맨 애처로움에
배불리고 싶었던 한 여인의 간절한 소원
가슴으로 끓인 사랑이었음을.

그리움 다시 심다

눈망울 흩어지고
허연 머리칼 늘어날수록
그리움, 다시 심어야 했다

긴 세월
이슬비 스미듯 젖은 그리움
메말라 가는 것은 어찌할 수 없었다

산허리 운무 휘감고
물안개 피어나는 새벽마다
꿈길, 자맥질로 재생되는 그리움

바람에 말려 보고
하늘빛에 널어 봐도
건조되지 않는 추억들

흘러간 것들에 대한 소중함
이제야 알 것 같아
그 옛날 숭고한 사랑 다시 심는다.

오, 아름다워라 외 1편

홍 천 수

오, 자랑스러워라
그대가 한발 앞서
옳은 일을 행하오니

오, 아름다워라
궂은일 도맡아 하고도
공은 다른 사람에게 돌리는

오, 자랑스러워라
그대가 베푼 관용
원수도 사랑하리라.

행복이란

행복이란
그리 대단한 것이 아니야

가슴에 담아 둔
따뜻한 말을 우려내어
음미해 보는 것

봄에 피었던 꽃들을
추운 겨울에도
기억해 내는 것

햇볕에 말린 이불이
보송보송할 때
촉감을 만져 보는 것.

인연 외 1편

황귀옥

솔바람 살랑살랑 된비알 찾아오고
복사꽃 손짓하면 두릅 순 응답한다
오늘도 설레는 가슴 요동치며 웃는다

영산홍 꽃잎들이 수줍게 피어나면
감잎도 나비처럼 날갯짓 팔랑팔랑
수천 년 지켜온 약속 잊지 않고 찾는다

뜨락의 감나무에 새순이 꼬물대면
재 너머 양지쪽에 고사리 생각나서
화들짝 바구니 들고 울할머니 바쁘다.

산나리꽃

주근깨 갈래머리 못생긴 산나리꽃
여름비 내리는 날 오도마니 홀로 서서
점박이 호랑나비만 눈 빠지게 기다려

지난해 이맘때쯤 만났던 인연인데
어이해 늦는 걸까 가슴속 콩닥콩닥
해종일 고개 숙인 채 시름 젖어 울먹여.

눈빛 외 1편

황 조 한

눈빛 스치며 웃고 있는
그 사람을 보면
왠지 오래전에
본 얼굴 같다

그 만남으로
내 짙은 그리움
다시 볼 수 있기를…

사람 향기 나는 눈빛
벌써 와 닿은 그 마음
느껴져 듣기만 해도
사랑의 속삭임이 오고 있다

네 사랑이
선한 눈빛으로 찾아와
큐피드 화살마냥
내 심장에 쿵쿵 박혀서
오늘부터 하루의 사랑
시작합니다.

가을에 떠난 사람

오늘도 가을비가 내리고
날리던 낙엽도
빗물에 젖어 보기 안쓰럽다

차창에 부딪히는 빗물
가슴에서 흐르는 내 눈물을
닦을 수 없기에
나도 함께 젖어 가고 있어라

이 가을비가 그치면
우리 같이 떠나자
너의 아픔을 품을 수 있는
저 바다로 떠나가 보자

이제는 떠나야 할 때
가을 내내 보여 준 풍경들
가을비 휩쓸고 가버려
죽음의 그림자 잠식되었구려

이 가을이 가더라도
내가 했던 말 잊지는 말아 줘
이 가을 내내
사랑하고 사랑했을 뿐이라고.

한국시인연대상 운영에 관한 세칙

한국시인연대 제16대 임원

한국시인연대상 운영에 관한 세칙

1. 시상 일시
   본상은 매년 1회 5월에 시상하는 것을 원칙으로 한다.

2. 심사위원
   ① 본상의 심사위원은 5인 이내로 구성한다.
   ② 당해년도의 본 협회 회장단 및 사무국장은 심사위원이 될 수 없다.
   ③ 심사위원은 회장단과 사무국장의 협의를 거쳐 회장이 위촉하며 수상자 결정까지 그 명단을 공개하지 않는다.

3. 수상 후보자
   ① 수상 후보자는 문단 등단 10년 이상인 분으로서 심사 대상 기간 중 창작 시집을 간행한 분을 대상으로 한다.
   ② 본상을 수상했던 분은 다시 수상 후보자가 될 수 없다.

4. 수상 대상 기간
   기간은 각년도 1월부터 12월까지 1년 동안으로 한다.

5. 수상자 선정
   ① 수상자는 약간 명으로 한다.
   ② 수상자는 심사위원 전원의 합의에 의해 결정하며 합의되지 못할 때에는 다수결로 할 수 있다.

6. 시상
　수상자에게는 본협회 소정의 상품과 상패를 수여한다.

7. 기타
　본 세칙은 1993년도부터 시행한다.

(사)한국시인연대 제16대 임원

회　　장　박현조

고　　문　이진석 채규판 송봉현

부 회 장　이명우 박대순 박영춘
　　　　　정진덕 진진욱 홍계숙

이　　사　안숙자 오병욱 이지언
　　　　　이한식 정윤숙 최진만

중앙위원　강인숙 구춘지 박화배

사무국장　최완욱

한강의 시경

초판발행/ 2023년 8월 25일
지은이/ (사)한국시인연대 박현조 외
펴낸이/ 김명덕
펴낸곳/ 한강출판사
홈페이지/ www.mhspace.co.kr
등록/ 1988년 1월 15일(제8-39호)
주소/ 서울시 종로구 인사동11길 16, 303호
전화 02) 735-4257, 734-4283 팩스 02) 739-4285

값 35,000원

ISBN 978-89-5794-539-1 03810

※저자와의 협약에 의해 인지는 생략합니다.